戦後七十年の真実

Watanabe Shoichi
渡部昇一

育鵬社

まえがき

振り返ってみると、私の八十五年は三つの時代に分けて考えられるように思う。

はじめは幼年期でその頃は祖母が一緒にいた。祖母は若い頃の事故で盲目に近かった。それで自分が若い頃に自分の親や祖母に聞いた話を孫の私に一日中語ってくれた。極めて記憶のよかった人だったのではないかと今になって思われる。それは明治維新前の東北の山奥に伝えられた話ばかりである。狼が農作業する人にとっての日常の危険であり、川には川獺《かわうそ》が住み、親切な猿に嫁にやられた娘とか、蛇《へび》の子を孕《はら》んだ女とか、幼児に聞かせる話にしては現代では許されないようなものが多かった。それで後になって考えたことだが『古事記』にもこれに類した話が少なくないが、それは今の人たちのような卑猥《ひわい》感は持たずに語られたのであろう。また後に西洋の学問をするようになったら、プラトンの対話篇の中で最も深奥とされる話とそっくりのものが祖母の話の中にあったりした。そして雀《すずめ》を捕るワナの仕かけ方や水面に上ってくる泥鰌《どじょう》を捕る竹細工の使い方を学び、雀や泥鰌を捕えるのに熱中した。

小学校（旧藩校）に入学したことは私にとっては大いなる啓蒙であった。そうして始まった少年時代は戦争の時代であった。小学校に入った年に支那事変が始まり、その数か月前にあの画期的な『講談社の絵本』が創刊されていた。そして同じ講談社の『幼年倶楽部』次いで『少年倶楽部』と並んで、「少年講談」や「世界名作全集」に読み耽《ふ》けることを覚えた頃に大東亜戦争が始まった。あとは大戦が終わった昭和二十（一九四五）年の夏まで主たる関心事は戦争であった。みんなが軍国少年だった中学三年のときに、突如、敗戦とアメリカ軍進駐という別格の啓蒙時代に入れられることになった。

　高校・大学・留学・就職・結婚と私の人生の第三期に当たる時代は、外的には無風状態の平凡・平坦そのものである。結婚して子供が三人、孫が五人いる。金婚式も数年前に、子供たちに祝ってもらった。まことに泰平の逸民《いつみん》として後期高齢者、否《いな》、末期高齢者になった自分がいる。

　こういう人間が波瀾万丈《はらんばんじょう》の昭和史など語る資格があるだろうかと自問せざるをえなかった。しかし、自己弁護的な話になるが、逆説的な意味で適格者であるかもしれないと思うようになった。それは昭和史のどの局面にも深刻に関わることがなかったからである。私は近親者を戦場に出しておらず、したがって戦死者もいない（私は末っ子で父は老齢、兄はいない）。戦災にも遭わず、私自身も戦場の体験がない。ましてや軍需工場の経営や作戦を立てる地位になかったことは当然である。

　そんなあるとき、六度集経などにある「群盲撫象（群盲象を撫でる）」という話を知ったのである。それはこんな話である。目の見えない人たちが象に触った。そして「象とはどんなものか」と主張し合った。象の腹を撫でた人は太鼓のようだといい、象牙を撫でた人は角のようだといい、足を撫でた人は立派な柱のようだといい……という具合にそれぞれが主張する。それらは正しいのだ。自分が直接体験していることなのだから。しかし同時に正しくもないのだ。たとえば今も話題になっている沖縄戦のことを考えてみよう。そこでひどい体験をした人たちは、沖縄は本土の犠牲になりひどい目に遭ったというだろう。それは全くの真実である。しかし本土から見ると沖縄を救うため多数の特攻隊が出撃し、戦艦大和まで必死の戦闘に出たのだ。沖縄の戦禍はひどい。犠牲者も多い。しかし東京はじめ日本の大都市の戦禍はそれに劣らない。それに原爆さえ受けた都市が二つもある。また満洲からの引揚者の苦労もひどかったが、内地での空襲被災者もそれに劣らない。ではそもそも戦争をしなかったらよかったのではないか。その場合、ビルマやインドネシアやインドや清国の民衆の運命はどうであったか。ノモンハンで小松原第二十三師団の受けた被害は大きかった。しかしそのときのソ連軍の被害はどうだったか。日本はハワイを空襲した。しかし空襲しなかったら戦争は起こらなかったろうか……などなどと、戦争のどの局面にも全身でコミットしたことのない自分は、どの局面をも相対化して考えることができるのである。

だが日本の運命に関心が薄かったわけではない。子供のときから日清戦争の「勇敢なる水兵」の話を聞き、広瀬中佐の歌を覚えさせられ（今でも三番まで歌える）、爆弾三勇士の話を聞き、大本営発表を聞き続けた。新聞だけでなく『週報』まで読み、学徒勤労動員に出、その合間には爆薬を抱えて戦車の下に飛び込む練習をさせられ、いつ戦場に行くことになるかわからない少年時代だった。国を思う心は切実であった。

　戦後も復興・繁栄に直接関与する立場にいる機会はなかったが、国を思う切実な気持ちは少年時代と変わらない。そんな人間が「象」はどんなものであったかといわれたら、下手な画家が、遠くからスケッチしたようなもので、不正確ではあるかもしれないが「群盲撫象」の話に出てくる盲人の主張よりは、象の姿に似ているのではないか——そうした一種の思い上がりのような私の気持ちを汲《く》んで、そんな昭和史があってもよいと考えられて、今回のような機会を与えてくださった育鵬社の大越昌宏氏に感謝致します。読者の方々にも一つの見方を提供できるとすれば幸甚の至りだと思っている。

平成二十七年七月七日

渡部　昇一

◆目次◆

第三章　終戦後、何がどう変わったのか

第六章　冷戦の終結と失われた二十年

第七章　残された課題

◉装幀――川上成夫

第一章

私の履歴書（序章）

鶴岡市立朝陽第一小学校入学（1937 年）

◉大恐慌の時代に生まれる

私は昭和五（一九三〇）年、山形県鶴岡市で生まれました。その前年にニューヨークのウォール街で株価が大暴落し、大恐慌が始まりました。これに対してアメリカ議会は自国の産業を守るためにスムート・ホーリー法という、輸入品にケタ外れの高関税をかける利己的な法案を通過させ、各国も対抗措置として輸入品の関税率を引き上げたため、恐慌はさらに深刻さを増しました。のちの経済学者の述べるところによると、この法律のために世界の貿易額はほぼ半分にまで減少したということです。

後年、私の母がよく「お前が生まれたときの世の中の不景気を思い出すと、夜中にふっと目が覚めても冷や汗が出るくらいだ」といっていました。それほど深刻な不況が世界を覆っていたのです。

その頃の記憶はもちろん私にはありません。しかし、今になってもその時代のことを私が語りうるのは、家に講談社の本、すなわち大正十四（一九二五）年に発刊された『キング』や『講談倶楽部』（一九一一年発刊）、『少年倶楽部』（一九一四年発刊）といった本があったからです。私が中学校に進んだ昭和十七（一九四二）年頃になると、紙不足で新しい本が出なくなりました。そのため家にあった昔の『キング』などを丁寧に何度も繰り返し読むようになりました。そうしていると、なんとなく昭和初年の頃からの日本の様子をすべて知っているような感じになったのです。

念のためにいっておきますと、『キング』は当時「発行部数百万部」といわれた国民雑誌です。それこそ皇室の話から外国人宣教師の話や女優の話まで、なんでも載っている雑誌でした。その雑誌を通じて、私は世の中に起きていることを知りました。

私自身の世の中に対する記憶が生じた時点を小学校に入った年とすれば、それは昭和十二（一九三七）年、ちょうど支那事変が始まった年にあたります。それ以前の知識はないに等しいのですが、その時代の雰囲気は当時の流行歌からある程度は推測することができます。

私の家には蓄音器があって昔のレコードについてきた歌詞の付録のペーパーがみな綴《と》じてありました。今から見ると古い流行歌とか、落語や漫才などのレコードも含まれていました。記憶しているのは、音丸という芸者が歌った『下田夜曲』という、おそらく昭和一桁《けた》の頃の歌を私は小学校に入る前の頃から覚えていてよく歌っていました。

「千鳥なぜ啼《な》く　下田の沖でョ／泣いたからとてサ／やらにゃならない　旅の船」

という歌詞でした。

こういう古い流行歌をたくさん覚えていたというのが、私の少年時代のひとつの特徴かと思います。亡くなられた谷沢《たにざわ》永一先生の家にも蓄音器があって、同じような歌を聞いていたようでした。二人でバーに行ったときに古い歌を口にすると、お互いに覚えていて、「おお、歌えるのか！」と非常に懐かしがったものです。

◉満洲国の建国がもたらした日本国内の好景気

私の覚えている歌の歌詞から判断すると、昭和七（一九三二）年に満洲国ができたあとぐらいの日本は、平和で呑気《のんき》な国だったようです。いわゆる「エロ・グロ・ナンセンス」の歌がずいぶん流行っています。ということは、その頃の日本はすでに不況から脱却していたのです。大蔵大臣高橋是清《これきよ》の的を射た財政政策で、日本は短時日の内に世界的不況からいち早く抜け出た国だといわれています。それがだいたい昭和六（一九三一）年、満洲事変の頃です。

満洲事変は私が生まれた翌年に起きていますから、もちろん私の記憶にはありませんが、振り返ってみるとその影響は経済に出ていたようです。それを機に急速に景気が良くなって、失業者がいなくなっていったと考えていいようです。

満洲国の建設宣言があったとき私は二歳ですが、これによって国内の人口過剰問題が解決され始めました。それまで日本はアメリカとの間に移民問題を抱えていました。要するに、日本では食っていけないからアメリカに移民したいという人がたくさんいたのです。しかし、アメリカは日本人の移民に不寛容で、大正十三（一九二四）年にいわゆる絶対的排日移民法を制定して日本人移民を排斥しました。これによってアメリカへの移民の道が閉ざされてしまったわけです。

それに不景気が重なって、昭和初期の日本には失業者が非常に多かったのです。ところが満洲国ができて満洲という広大な土地が拓けると、多くの日本人がその地を目指しました。それによって人口圧力から来る不景気というものから抜け出ることができたのではないかと私は推定しています。

また、満洲事変から六年後には支那事変が始まります。これは日本が負ける心配が百に一つもないような戦争でした。事実、日本は連戦連勝で、国民には一点の不安の影もなく、景気はどんどん良くなっていったようです。

私の幼年時代の記憶に残っている日本には景気が悪いという感じが全くありませんでした。それが四、五歳頃の記憶だとすると満洲事変が終わってしばらくたったあたりです。私が育った場所は貧民窟というほどひどくはありませんが、決して豊かではない地域でした。田舎から出てきた人たちが最初に住みつくような場所であって、貧しい家々の間にぽつぽつと豊かな家が交じっている感じでした。しかし、そういった場所にあっても不景気を感じさせるような記憶は何もないのです。近所には失業者もいなかったように思います。

◉二・二六事件と『キング』と講談社の絵本

昭和十一（一九三六）年、私が小学校に入る前年に歴史上の大事件となる二・二六事件が起こっています。もちろん私はそれほどの大事件になるとはわかりませんでした。私だけではなく、当時の『キング』を見ても、二・二六事件についてはほとんど触れられていません。わずかに出ているのは「二・二六事件が起きて心配だ」というので女学生が明治神宮に参拝している姿や千葉県の佐倉から出てきた軍隊の姿がグラビアに載っている程度です。

本誌の記事には二・二六事件のあとで広田弘毅《こうき》内閣ができたことを取り上げて、「広田首相出世物語」という物語が載っています。分厚い国民的大衆雑誌の九五パーセントは二・二六事件とは全く関係のない娯楽読み物と時局解説で占められています。この時局解説で採り上げられていたのは「ヨーロッパでロカルノ協定が結ばれた」というような話でした。

この翌年の昭和十二年に私は小学校に入ったのですが、十一年の暮れに子供にとっては大きな出来事がありました。講談社の絵本が発刊されたのです。これは日本の絵本の世界では画期的なものだったと思います。講談社の野間清治《せいじ》が、皇太子殿下（今上天皇）がそろそろ絵本をお読みになる時期になられたというので、皇太子殿下に読まれても恥ずかしくないような絵本をつくりたいと金を惜しまず名のある画家に絵を描かせてつくった立派な絵本でした。

これは一度に四冊ずつ配本されました。第一回の絵本は今でも覚えていますが、『乃木大将』『四十七士』『岩見《いわみ》重太郎』『漫画傑作集』の四冊でした。この四冊に描かれたテーマはだいたい次回につながっていて、『乃木大将』のラインには偉人をテーマとした絵本が連なり、『四十七士』のラインも立派な人物の話が続きました。また、『岩見重太郎』は講談物で、この講談が絵本の柱のひとつになりました。それから必ず漫画が一冊入りました。この講談社の絵本は、当時、圧倒的な人気がありました。

◉流行歌に見る時代の世相

私が入った小学校は明倫致道館という前身が旧藩校の学校でした。たまたま私の家がその学区内だったため、この小学校に通うことになりました。

その頃に歌っていた歌を覚えています。支那事変がもたらした好景気を反映して、呑気な歌がたくさんありました。いくつか挙げてみましょう。

「もしも月給が上がったら／わたしはパラソル買いたいわ／僕は帽子と洋服だ／上がるといいわね／上がるとも／いつ頃上がるのいつ頃よ／そいつがわかれば苦労はない」（「若しも月給が上がったら」山野三郎作詞・北村輝作曲）

「何か云おうと　思っても／女房にゃ何だか　云えません／そこでついつい　嘘をゆう／『なんです　あなた』／『いや別に　僕は　その　あの』／パピプペパピプペ　パピプペポ／うちの女房にゃ　髭がある」（「うちの女房にゃ髭がある」星野貞志作詞・古賀政男作曲）

「空にゃ今日もアドバルーン／さぞかし会社で今頃は／おいそがしいと思うたに／あゝそれなのに　それなのに／ねえ　おこるのは　おこるのは／あたりまえでしょう」（「ああそれなのに」星野貞志作詞・古賀政男作曲）

さらに支那事変が進んでいくと、シナ関係の歌が増えてきました。西條八十《やそ》という詩人がいましたが、この人が実にたくさんのシナの歌を作詞しています。昭和十三年に渡辺はま子が歌って一世を風靡《ふうび》した『支那の夜』もそうです。

「支那の夜　支那の夜よ／港の灯り　紫の夜に／上るジャンクの　夢の船／ああ忘られぬ　胡弓の音／支那の夜　夢の夜」

その他に『上海《シャンハイ》航路』『愛染《あいぜん》かつら』『蘇州夜曲』『紅い睡蓮《すいれん》』『蘇州の夜』『旅の夜風』なども西條八十の作詞です。

竹久夢二の『宵町草《よいまちぐさ》』というよく知られる歌もこの頃につくられました。それから戦時中にもよく歌われた『愛国の花』とか、『夢去りぬ』とか『大利根月夜』というような歌を小学生が歌っていました。どれも軍歌的ではない歌ばかりです。支那事変の頃は、シナとか、あるいは上海とか蘇州という土地の名前を子供心にもロマンチックに感じたものでした。

◉配給制度が始まり、戦争への危機感が高まる

ところが、昭和十五（一九四〇）年頃になると、世の中がぎすぎすしてきたという感じがします。当時、配給制度というものが初めて導入されたのです。最初、配給制度が導入された頃はみんな無関心でした。ところが昭和十五年くらいになると「配給を取らないと次から配給は受けられないぞ」と脅されるようになりました。それで皆が配給を取りに行くようになったという感じです。

私の家は「あぶらや」という屋号の小さな商店を営んでいました。「あぶらや」という名の

通り、油に関係のある商品を扱う店でしたが、油のほかに蝋《ろう》製品や化粧品、香料なども扱っていました。当時は蝋からポマードのような整髪料をつくりました。また婦人用の小間物も扱っていました。その中には金糸銀糸が入っている、ちょっと贅沢な財布などもありました。

しかし昭和十三（一九三八）年の国家総動員法で、ほとんどの物資が国家の統制下に置かれるようになり、贅沢品を売ることが禁止されるようになってきました。私の父は対応が悪くて警察に引っ張られたこともあります。幸い説諭で帰されたようですが、このあたりから「贅沢用品を売るのはけしからん」という風潮が強くなってきたように思います。

油のほうはそもそも仕入れができなくなり、開店休業状態でした。それ以降の昭和十四（一九三九）年の「価格等統制令」によって、油は公定価格が決められました。仕入れればすぐに売れるのですが、値段の上限が決められているので全く儲けにはならないのです。そのうちに油がなくなり始め、仕入れ自体ができなくなってきたので売るのをやめてしまいました。

油はないし、贅沢品も売れない。売るものがなくなってしまいました。「あぶらや」の商売は立ち行かなくなりました。そのため戦時中は、売らないで残しておいた品物を少しずつ出して食いつないでいたという感じです。

その頃になると、軍国少年であった我々も危機感を抱くようになりました。私の家では「少国民新聞」というものを取っていました。確か毎日新聞社が出していたと思いますが、私はこの新聞で世界の情勢を読んでいました。当時の少年は皆、将来は兵隊になるという可能性がありました。そのため、戦争の進展については非常に敏感でした。それは今の子供たちがサッカーの国際試合に関心を持つよりも、もっともっと深刻なものだったと思いますが、軍艦の名前を覚える競争をしたり、各国の大砲の数や国旗などの知識を競うような少年時代でした。

◉日米開戦の大本営発表に感じた興奮と爽快感

私はアメリカが石油を売らなくなったということは知っていました。当初はその影響について気づきませんでしたが、このままでは大変なことになると、だんだんわかってきました。当時、日本の代表だった外交官がオランダ領インドネシアに石油の輸入交渉に行きました。その交渉が失敗したという記事を確か夏休み前後に読みました。そのときは目の前が暗くなるような感じがしました。「石油がなかったらどうなるのか」ということは子供にもわかります。日本が誇る連合艦隊も動きがとれなくなるのです。これからどうするのだろう？　と恐ろしく不安になった覚えがあります。それが小学五年生の夏でした。

その年の暮れ、昭和十六（一九四一）年十二月八日に突然の大本営発表がありました。日本軍が真珠湾攻撃を行ったというのです。このときは興奮しました。「わーっ！」と歓声を上げたいような感じがありました。それは、それまでの重圧から解き放たれた爽快感でした。しかも真珠湾攻撃は大戦果を上げましたから、余計に高揚感がありました。ともかく当時の我々の観念でいえば、軍艦の中でも一番大きな戦艦をほとんど撃沈・大破したというのは大変な快挙です。それを聞いて湧き上がったのです。

その二日後の十二月十日、今度はマレー沖海戦が始まり、イギリス艦隊のプリンス・オブ・ウェールズとレパルスという戦艦を沈めたという発表がありました。そのときはわざわざ全校生徒が全体朝礼場に集められ、上林先生という軍隊に詳しい先生が前に立ち、プリンス・オブ・ウェールズがいかなる軍艦であるかを説明し、それを沈めたことがいかに偉大なことであるかという話をしました。

その翌年の二月には、陸軍がイギリス軍と戦ってシンガポールを陥落させます。このシンガポール作戦は実に鮮やかでした。マレー半島北端に上陸した陸軍は世界一の進撃速度で半島を下りました。自転車部隊があったという話が伝わってきて、その自転車部隊の歌ができたりしました。

その頃、支那事変から始まったシナとの戦いは泥沼化していました。これは本当であれば最初の一年で終わっている戦いでした。支那事変は昭和十二年七月七日の盧溝橋《ろうこうきょう》事件が発端となって起こった戦いですが、八月十三日の上海事変を経て、同年十二月十三日に南京が落ちています。翌年五月には徐州が、十月には武漢三鎮も落ちて、大きな戦争は終わっています。だから実際上は昭和十三年で終わっているのです。にもかかわらず、その後もずるずると続いていて、皆もどかしく感じていました。それだけにシンガポールでの鮮やかな勝利には爽快感があったのです。

大東亜戦争が始まるとすぐに学校で教えられた歌があります。『大東亜決戦の歌』という歌ですが、その一番を今でも覚えています。

「起つや忽《たちま》ち撃滅の／かちどき挙がる太平洋／東亜侵略百年の／野望をここに覆す／いま決戦の時来る」（伊藤豊太作詞・海軍軍楽隊作曲）

これによって、当時の小学生も、「この戦争は米英の東亜侵略百年の野望を砕《くだ》く戦争である」という認識を持っていました。

シンガポールが落ちたときには第一次戦勝祝賀会というものが開かれました。それに合わせて、小学生にゴムまりの配給がありました。マレー半島がゴムの産地であることからだと思います。テニスのボールでしたが、とても質が良かったことを覚えています。

それから間もなくインドネシアのジャワが落ち、第二次戦勝祝賀会がありました。「第三次はいつかな？」と思っていましたが、次はありませんでした。しかし、ビルマ（現ミャンマー）のラングーンもマンダレーも攻略し、このときの日本軍はシナでもたもたしていた同じ軍隊とは思えないほどでした。

ところが、同じ年の六月に起こったミッドウェー海戦に日本軍が大敗を喫したことは一般の国民には知らされていませんでした。だから、誰もがまだ浮き浮きしていたのです。

◉戦中でも使っていた「キングズ・クラウン・リーダーズ」

昭和十七年に日本が勝ちまくっていた頃、私はまだ小学生でした。そして十八年に中学校に入学しました。その頃の記憶で面白いと思うのは、中学に入ったときの教科書のことです。国語の教科書は、戦前の「岩波の国語」といって非常にいい教科書でした。漢文の教科書も塩谷《しおのや》温《おん》先生編纂の立派な教科書でした。英語は三省堂の「キングズ・クラウン・リーダーズ」で、表紙にイギリス王室の王冠がついていました。

このときはもうイギリスと戦争をしていて、一年半前にはプリンス・オブ・ウェールズを沈めてシンガポールを占領していましたが、その敵国であるイギリス王冠の絵のついた英語の教科書を使っていたのです。内容は戦前のままですから軍国主義的なところは少しもありませんでした。しかし、イギリス王冠がついている教科書を使うというのはちょっと変な感じがしました。

しかもそれは英語の「リーダーズ」で、もう一冊、英文法と英作文の教科書がありました。英語はこの二冊を使っていました。だから十八年までは我々はなんとなく日本は戦争に勝っているという印象を抱いていました。

そういう印象を持つにいたった理由のひとつには、十八年の秋に大東亜会議が華々しく行われたことがあります。これは非常に重要な会議だといわれていました。今の言葉でいえば、「アジアが始まって以来の最初のサミット」というところでしょう。当時の外務大臣の重光葵《しげみつまもる》によって提唱されたようですが、主宰はもちろん首相の東條英機でした。

出席者は満洲国から張景恵《ちょうけいけい》国務総理大臣、中国からは国民政府の汪兆銘《おうちょうめい》行政院長、タイ国からワンワイタヤーコン殿下、ビルマからバー・モウ総理大臣、フィリピンからホセ・ラウレル大統領、そしてインド独立軍のチャンドラ・ボースといった錚々たる人たちでした。出席者の名前を覚えているのは、いかにも「大東亜！」という感じが強かったからです。これらの国はほとんどすべて日本のもとで独立を果たしました。インドネシアのスカルノ大統領は入っていませんが、オブザーバーとして来日し、天皇陛下と直接お会いになったという話でした。

ただ、この頃からなんとなく不気味な感じが漂い始めました。「ソロモン諸島のあたりではえらく苦労をしているらしいぞ」というような話が伝わってきていたのです。ただ、歌のほうは相変わらずで、『ラバウル海軍航空隊』のような明るく勇ましい歌が流行っていましたから、まだ危機感というようなものは薄かったように思います。

◉昭和十九年になると明らかに学校の雰囲気が変わってきた

昭和十九（一九四四）年、大きな変化が訪れました。中学二年生になったとたんに教科書が国定教科書になったのです。それ以前も小学校の教科書はすべて国定でしたが、中学校は先にあげたような民間会社の教科書を使っていました。それがいきなり国定教科書になり、しかも内容が非常に粗末でした。それからは授業が全然面白くなくなりました。

私が中学校に入った昭和十八年は、まだ学校に戦前の雰囲気がかなり残っていて、リベラルというか教養的な授業をやっていて知的好奇心が大いに刺激されました。ところが、十九年になると、いきなり英語の教科書のレッスン・ワンが「ミリタリー・トレーニング（軍事教練）」に変わるのです。漢文の教科書も大きな字で刷った『論語』の抜粋でした。漢文は他の学科に比べればまだ面白かったほうですが、とにかく教科書の質の低下ははなはだしいものでした。

こうした変化に我々は敏感でした。戦争はどうなるのだろうと、だんだん心配になってきました。七月にサイパンが落ちたときは確か友達と一緒に町を歩いていたら、役場に勤めていた姉とばったり会って、「サイパンが落ちたのよ」といわれた記憶があります。

秋になると学校の授業もいい加減になってきて、「冬の炭が必要である」というので炭焼きをしたりするようになりました。東北ですから寒さ対策は欠かせませんでしたが、学校で炭焼きをするとは思いもよりませんでした。校庭に炭焼き小屋ができて、生徒が炭にするための木を山に切りに行きました。ちょうど炭窯に入る大きさに切った木の枝を一人一本ずつ担いで山からぞろぞろ帰ってくるのです。

その帰り道に同級生と台湾沖航空戦の話をしました。サイパンが落ちてからいいことがなかったのに、十月の台湾沖航空戦では「空母十九隻、戦艦四隻、巡洋艦七隻、艦種不明十五隻を撃沈・撃破」したというニュースが大本営から発表されたのです。後年これは誤報であったとわかるのですが、当時はそんなことは知る由もありません。みんな大喜びして、興奮しながら口々にその話をしました。

この当時のことで個人的な思い出を話すとすれば、新しい本が出なくなったのが非常に印象的でした。その頃、恐らく在庫があったものなのでしょうが、三種類の辞書の配給がありました。『コンサイス英和辞典』、塩谷温先生の『新字鑑』、それから金沢庄三郎先生の『広辞林』の三つです。英米と戦争中ですからさすがにコンサイスをほしがる人はいなくて、残り二つの辞書のくじ引きになりました。私は『新字鑑』がほしかったのです。『新字鑑』は漢字の出典まで載っている学問的な辞書で本当にほしかったのですが、当たりませんでした。『新字鑑』を射止めたのは私の後ろの席の武田君という生徒でした。彼は別に辞書がほしかったわけではなかったのですが、あの頃は「配給があったらとにかく取っておけ」という風潮だったのです。しかし、私があまりにほしがるものだから「貸してやる」といって、借りることができました。

雨が降ると炭焼き用の木材を切りに行けないため、学校は休みになりました。その年の秋はよく雨が降り、学校はしばしば休みになりました。その時間を利用して、私は借りた『新字鑑』を一生懸命ノートに書き写しました。何日か写しましたが、膨大なページ数ですから「大変だな。いつまでも進まないな」と思っていたら、父親がそれを見て「馬鹿なことはやめろ」というのでやめてしまいました。それほどに辞書がほしかったのですが、もう辞書も手に入らなくなっていたのです。

こうして敗戦の年、昭和二十（一九四五）年を迎えました。

第二章

終戦とは何だったのか

山形県立鶴岡中学校（旧制）入学。
母・八重野と（1943 年）

◉玉音放送を聴いても全くなかった敗戦の実感

昭和二十（一九四五）年、私は中学三年になりました。しかし、授業はもう行われませんでした。クラスは小隊と呼称されるようになり、その中をいくつかの班に分けて、小隊の第何班に在籍するという形になりました。生徒は皆、勤労動員に駆り出されました。私の学校は三クラスあり、二クラスは現在の山形空港をつくるために出かけ、私のクラスは決壊した最上川の堤防の修復作業に行きました。修復といっても中学生の仕事ですから、なんとか恰好がついたという程度のものにしかなりませんでしたが。

堤防修復の仕事が終わって学校に帰ると、今度は体操場の床をはがすように指示されました。日本電線という会社が疎開してくるという話でした。しかし結局、床板をはがしただけで、その会社がやってくることはありませんでした。

八月十五日、天皇陛下の放送があるということで、我々は職員室の前の廊下に並ばされました。そこで放送を聴きましたが、ラジオはノイズがひどく、ほとんど聴き取れませんでした。ただ、「日本が負けた」ということと「ポツダム宣言を受諾することになった」ということはわかりました。皆、ポカーンとした顔をしていました。戦争に負けた実感が全くなかったからです。

家に帰ると姉が役場から帰ってきていました。姉も「ラジオはよく聴こえなかった」といいました。村役場では「天皇陛下がお話しになったのだから頑張れということだろう」と勝手に解釈して、みんなで「ばんざーい！」といって終わったということでした。

山形の田舎で迎えた終戦の日は、このようにのんびりとしていて、どこか滑稽な感じすらありました。

それでも思い返してみると敗戦を予感させる出来事はあったのです。最上川の堤防を直しているときですが、遠くからドーンドーンという音が聞こえてきました。何の音かわからなかったのですが、あとになってみると、岩手県の釜石あたりが砲撃されて、爆弾の音が川を伝ってきたのではないかと思います。

◉戦争が終わっても続いた動員令で開墾作業に駆り出される

戦争が終わっても学校は始まりませんでした。最初に通達されたのは、食糧動員でした。食糧をつくるために開墾作業に駆り出されたのです。

その当時、中学校では勤労動員、女学校では女子挺身隊という名前で仕事を命じられました。どちらも勤労奉仕にちがいないのですが、男と女で名前を変えていたのです。「動員令」というのは軍隊用語ですから、男子には使えるけれど女子に動員をかけるわけにはいかないというのが常識でした。それで女子挺身隊という名前にしたのでしょう。

この勤労奉仕が戦争の終わったあとも続いていたのです。我々が食糧動員に駆り出された場所は山形県の山奥で、聞いたことのないような地名のところでした。泊まるところもないので、山中の神社に寝泊まりしました。最初は電灯もなくて夜は漆黒の闇に包まれました。一番弱ったのはトイレに行けないことでした。あまりに暗くて場所がわからないのです。仕方なくみんな適当な場所で用を足したため、そのうちに臭くてしょうがなくなりました。それでようやく電線を引いてもらって、電灯がつくようになったのです。

また、開墾作業をするのに靴を履いていなかったという記憶があります。履けるような靴がなかったのです。今なら山に裸足で登る人はいないと思いますが、我々はだいたい裸足で山に行っていました。

開墾が終わらないうちに秋になり、寒くて作業どころではなくなりました。雨の降る日には山には行けないので、神社の薄暗いところで「下の町にはもうアメリカ軍が来ているそうだ」「英語もやらなければならないな」などと話したり、持ち寄った小説を交換して読んだりしていました。そのうち山から下りるときが来ました。

「いよいよ終わりだ。町に帰るんだ」というときの気持ちは今でも忘れがたいものがあります。皆で歌を歌いながら山から下りました。そのとき一番流行っていた歌は『ジャワのマンゴ売り』と『マニラの街角で』です。

「ラーラーラーラー　ラーラーラーラー／フレームトゥリーの木陰に／更紗のサロンを　なびかせて／笑顔もやさしく　呼びかける乙女よ／あゝ　ジャワのマンゴ売り」（『ジャワのマンゴ売り』門田ゆたか作詞・佐野鋤作曲）

「いつか見たこの夢うれしい夢／今日はむかえて楽しいわれらの街よ／花のマニラの街青空たかく／よろこびは胸にみち／くるしき夜は明けゆく／花のマニラの街とく走れ小馬車／深みどり鐘は鳴る／新しき朝だ」（『マニラの街角で』佐伯孝夫作詞・清水保雄作曲）

どちらも昭和十七年につくられた歌です。つまり大戦当初の勝ちまくっていた頃の歌なのですが、それがようやく敗戦の頃になって我々の田舎に伝わってきていたのです。それだけの時間差が都会と田舎にあったというのは、当時の日本を知るうえで興味深いことです。また、戦時中の勤労動員の頃には『ラバウル海軍航空隊』のような戦争の歌を口にしていましたが、戦争が終わったら誰も軍歌を歌わなくなりました。

山から下りたのは秋の寒くなり始めた頃で、いい天気の日でした。山下りの道中、私は「よーし、山を下りたら勉強するぞ」と思いました。何しろ一年間も勉強をしなかったので、勉強がしたくてしようがなかったのです。これは私だけではありません。当時は中学生といえば小学校時代のエリートですから、皆、勉強が好きだったのです。

◉中学の授業が再開され、生涯の恩師・佐藤順太先生と出会う

一年間の勤労動員は自分の適性を知るうえで非常に重要な時間になりました。さまざまな肉体労働をさせられて、少なくとも私はそういう仕事には向いていないと、はっきり理解しました。それもあって山から下りると一生懸命に勉強をしました。学校も勉強も嫌になることもありましたが、そんなときは山を下りた日のことを思い出して、『ジャワのマンゴ売り』を歌いました。するとまた勉強への意欲が湧いてきました。

昭和二十（一九四五）年の暮れ近く、寒くなった頃にようやく授業が始まりました。英語の授業でしたが、我々のクラスの先生は年寄りで、「あの先生は英語教師の免状を持っていないんじゃないか」と噂されるような老先生でした。文法を教えましたが、案の定、授業にはなりませんでした。

そのまま昭和二十一年になると、学校は老齢のため退職していた正式な英語の先生たちを呼び戻しました。これで授業はようやくまともになりました。

戦時中、私の中学には東大出身の先生が二人、東北大学が一人、東北学院大が一人、大阪外語大が一人と、五人の先生がいました。戦争が終わると、前述した訳のわからない老先生が来ました。ところが二十一年になると、高等師範を辞めた老先生が二人いらっしゃいました。二人とも、ものすごく優秀な方でした。戦前の高等師範で学んだ方はさすがに教える学力と方法を持っておられるものだと強く印象づけられました。

その中のお一人に私は一生の影響を受けることになりました。これまでにもたびたび私の本の中でお話ししている佐藤順太先生です。先生は相当立派な武士の家の出と思われますが、微禄《びろく》されたのでしょう、旧制中学に入らずに検定で高等師範に進まれました。若い頃は猟銃の研究をされていて、戦前の百科事典のその項目を担当され、猟犬の研究で翻訳本も書かれていました。先生にお会いしたとき、私は初めて「本物の知識人に会った」という感じがしました。

◉日本人のインディアン化を目指したアメリカの長期占領計画

当時、非常に印象的だったのは、旧制中学五年まで行ったとき、そのまま翌年から新制高校三年になったことです。このため私は二年続けて同じ学校を卒業することになりました。学制が変わり、その切れ目のときだったのです。

高校は理科コースと文科コースにクラス分けされました。文科コースは一クラスで、理科コースが二クラスありました。理科コースが多いのは戦争中の惰性で、理工系と医科に行くと兵隊にならなくてもよかったため、そちらを重んずる気風が強かったのだと思います。私はあまり深く考えたわけではなく、皆が行くからという理由で理科系に在籍していました。

今でも忘れられない思い出があります。物理の教師であった三浦重三先生という方がおられました。この三浦先生は海軍の技術将校で、位はポツダム大尉（ポツダム宣言後に進級して大尉となった）だったと思います。東北大学出身で戦争中は戦闘機のプロペラをつくっていたという工学士ですが、復員されて母校の教師になったのです。

この三浦先生が我々に焼玉エンジンの仕組みについて教えている途中で話が脱線して、突然、「君たち、今頃、理科に来たってつまらないぞ。戦後の教育で理科の芯は止められたんだからな」とおっしゃいました。どういうことかといえば、これからの物理学の芯は核物理だが、理化学研究所のサイクロトロン（加速器）はGHQの命令で外されて破壊され、東京湾に沈められてしまった。また工学の芯は飛行機だが、飛行機を製造することは禁止されてしまった。だからこれからの日本は農業国になって、物をつくるとしてもせいぜい自転車までで、それを東南アジアに輸出するしかないであろう、というのです。

これを聞いたときは非常なショックでした。事実、この話のあとで理科にいた多くの生徒が文科に進みました。私は理科にいた動機がたいしたことでもないうえに、佐藤順太先生という素晴らしい英語の先生に出会って自分も英語の先生になろうと決心していましたから、当然、文科へ進みました。

そのときなぜ三浦先生がそういうお話をなさったかというと、当時、アメリカは日本を二十五年か五十年か占領する予定であるらしいといわれていたのです。そのくらいの時間をかけて、日本人からプライドを奪い去り、二度とアメリカに刃向かうことのない無気力な国民をつくろうとしていたようです。それは当時の記録を見ればはっきりわかります。長期占領して日本を農業と軽工業の国にしようというのは、アメリカの明らかな占領方針だったのです。

ご承知のように、アメリカの建国は有色人種である先住民のインディアン（ネイティブ・アメリカン）から国を奪ったところから始まります。したがって、彼らのＤＮＡには、白人と有色人種が対等では困るという意識が刷り込まれていたはずです。戦争中の日本はアメリカ以外では機動部隊を持つ唯一の国でした。当時、航空母艦はソ連もドイツも持っていませんでした。大英帝国には航空母艦はありましたが、機動部隊は持っていません。ですから、機動部隊を使って戦争をする有色人種が現れたことは、アメリカ人にとっては許されざることでした。

そう考える彼らの深層心理の中には「有色人種が白人と対等になってもらっては困る」という伝統的な人種差別意識が間違いなくあったと思います。だから、アメリカが日本を占領しに来たときに第一に考えたのは、一言でいうならば「日本人をインディアンのようにしよう」ということだったでしょう。

彼らの目には、日本人というのは日露戦争以来、自分たちが白人と同じレベルにあると考えているというように映っていたでしょう。だから、まずその意識を奪い、二度とアメリカに刃向かうことのないようにしなければならない。では、ある民族からその意識を奪うにはどうしたらいいか。それにはプライドを奪うことである。そしてプライドを奪う一番いい方法は、その国の歴史を奪うことである。どこの国の国民も、プライドのもとは歴史なのです。

これをわかりやすく説明するために、私はよくジェフリー・アーチャーの大ベストセラーになった『ケインとアベル』という小説について話します。この小説はポーランド移民としてアメリカに渡った男がホテル王として成功するという物語です。その男は自分の娘を教育するためにイギリスの有名な女子高の先生をスカウトします。ところがその先生は、「ポーランドの歴史だけは、あなたが教えてください。歴史はプライドを持って教えなければなりませんから、私が他国の歴史を教えるわけにいきません」といった趣旨の話をします。それでホテル王の男は忙しい仕事の合間を縫って自ら娘にポーランドの歴史を教えます。その娘はポーランド人としてのプライドを持って育って、やがてアメリカ初の女性大統領になるのです。

　歴史というものがその国民のプライドのもとになるということをこれくらい明瞭に書いた小説はないと思います。だからアメリカは、日本人からプライドを消し去るために躍起になって日本の歴史を奪おうとしたのです。これが戦後の歴史教育のゆがみの原点にあるのです。

　こうしたアメリカの占領方針を指摘してくださった三浦先生のお話は、今にして思えば非常に重要なものであったと思います。

◉サンフランシスコ講和条約成立の背景にあったマッカーサー証言

　三浦先生のお話を聞き、また偶然の勧めがあって、昭和二十四（一九四九）年、私は上智大学文学部英文科に進学しました。大学二年生のとき、朝鮮戦争が起こりました。朝鮮戦争の前年にドッジ・プランという財政金融引締め政策が発表されて、日本は戦後のインフレからデフレに急展開し、非常な不景気になりました。

　ところが朝鮮戦争が起こると、一転して景気が良くなりました。いわゆる戦争特需で、当時は「神風が吹いた」といわれたものです。ただ、今から振り返れば景気が良くなったのは神風のうちには入りません。本当の神風は朝鮮戦争を転機としてアメリカも他の連合国も日本を見直したということだったと思います。悪くすれば半世紀くらい日本を占領するつもりでいたアメリカも、朝鮮戦争が始まったら、即といってもいいくらいに対日講和条約を進めて翌年にはサンフランシスコ講和条約が成立するのです。これは「超神風」といってもいい出来事です。このスピード講和が実現したのは、アメリカの対日観が百八十度変化したからです。そのきっかけとなったのは、連合国軍の最高司令官であったダグラス・マッカーサーが一九五一（昭和二十六）年五月三日にアメリカの上院軍事外交合同委員会の聴聞会で行った証言です。

マッカーサーは朝鮮戦争の指揮を執りますが、北朝鮮軍に加え、参戦した中国（中華人民共和国）軍の人海戦術もあり劣勢に立ちました。連合軍の兵隊がどんどん殺される中、中国が兵隊を送ってくる港や橋を爆撃することは許されませんでした。見かねたマッカーサーは原爆の使用を認めてほしいというようなことをトルーマン大統領にいったらしく、結局、更迭されてアメリカに帰国するのです。

余談ですが、このマッカーサー解任を知った当時の日本人は、「アメリカは偉大な国だ」と思いました。というのは日本では二・二六事件以降、政治家は軍人に手を出せないという固定観念があったからです。実際、二・二六事件のあとで広田弘毅内閣ができるときには、もう寺内寿一《ひさいち》陸軍大臣が「自由主義者の吉田茂の入閣はダメだ」と、組閣に口を出しています。しかも、「海軍大臣と陸軍大臣は現役武官でなければならぬ」という陸海軍大臣現役武官制を決めさせました。大正初めの第一次山本権兵衛内閣のときに、木越安綱《きごしやすつな》中将（陸軍大臣）の自らのキャリアを犠牲にした決断により「陸海軍大臣現役武官制は憲政の運用に支障をきたす」という理由から軍部の大臣は現役でなくてもいいことになったのですが、それを復活させたのが二・二六事件でした。この事件直後の広田内閣は、陸軍大臣寺内寿一の意見に従い木越中将が導入した制度をやめ、再び陸海軍の大臣は現役でなければならなくなったのです。それ以来、日本では軍が「ダメ」といったら内閣は何もできないような時代になってしまったのです。

ところがトルーマンは、太平洋戦争で日本を破り、天皇陛下の上に立ったマッカーサーをクビにしたわけです。それでアメリカ軍がトルーマンに反旗を翻すようなことはなく、ただ一人静かにマッカーサーが去っただけでした。このトルーマンが田舎の郵便局長から出世したような人だと知って、「アメリカのデモクラシーは素晴らしい」と日本人は感心したのです。

とはいえ、アジアの戦争を背負っていた男がクビになったわけですから、アメリカの上院軍事外交合同委員会がマッカーサーを召還して事情聴取をするのです。日本人にはぴんと来ないかもしれませんが、アメリカの上院は日本の参議院とは違います。アメリカは各州が少しずつ独立の要素を持っていて、州ごとに法律も違います。その代表が二人ずつ集まってすべての州に関わるような問題を主として論ずるのが上院です。したがって、上院軍事外交合同委員会というのはアメリカの軍事外交を決める最高権威の場所といってもいいのです。

上院軍事外交合同委員会の聴聞会に呼び出されたマッカーサーは、そこで実に驚くべき証言をしました。彼は大戦前の日本について次のように述べるのです。

「日本は絹産業以外には、固有の天然資源はほとんど何もない。彼らは綿がない、羊毛がない、石油製品がない、錫がない、ゴムがない、その他にも多くの資源が不足していた。それら一切のものがアジアの海域に存在していたのである。もし、これらの原料の供給を断ち切られたら、一千万から一千二百万の失業者が発生するであろうことを日本人は恐れていた。したがって、彼らが戦争を始めた動機は、その大部分が安全保障の必要に迫られてのことだったのだ」（引用箇所）

マッカーサーは戦勝国である連合国から委嘱され、東京裁判（極東国際軍事裁判）を開きました。そのときに日本の〝罪〟を裁くために国際法を直に使わないで、『東京裁判所条例』（マッカーサー条例）をつくり、この条例に基づいて東京裁判を開きました。これによって、それ以前に存在しなかった事後法（「平和に対する罪」「人道に対する罪」）を定めて裁判を行ったのです。東京裁判はマッカーサーそのものであり、マッカーサーが日本を侵略国家として断罪するためのものであったといっていいでしょう。

ところが、そのマッカーサー自身が東京裁判の判決が下りた約二年後にリビジョニスト（歴史修正主義者）になりました。リビジョニストというと悪い意味でとらえられがちですが、基本的な意味は「歴史を見直す」ということですから別段悪いわけではありません。マッカーサーも歴史を見直し、自らの誤解を訂正したにすぎません。

重要なのは、それが彼のつぶやきでもなければ、友達に語った言葉でもなく、日記や伝記に書いたことでもない。最も公な上院軍事外交合同委員会の聴聞会で証言したという事実です。

東京裁判を開いて日本を侵略国として断罪した張本人であるマッカーサーが、日本が戦争を始めたのは主として自衛のためであったと公に認めたのです。それはなぜなのか。マッカーサーは朝鮮戦争の指揮を執るうちに共産主義の脅威を感じ、日本が同じ脅威を常に感じていたことを身にしみて知りました。その結果、「日本は悪くはなかったのではないか」と思うようになったのです。

さらにいうならば、彼の証言の趣旨は、東京裁判のときに東條英機が最終弁論で述べた内容と同じです。日米開戦時の首相であった東條英機は「日本は常に受け身であった。やられたからやらざるを得なくなったのだ」と述べているのです。

私は「日本に戦争責任があった」という見方を「東京裁判史観」と呼んでいますが、「日本に戦争責任はなかった」という歴史観を「東條・マッカーサー史観」と名づけています。そして、あれから七十年たって振り返ってみれば、「東條・マッカーサー史観」のほうが正しかったということが明らかになってきています。

東京裁判を開いて日本を侵略国として断罪した張本人であるマッカーサーが、日本が戦争を始めたのは主として自衛のためであったと認めたのです。これはマッカーサー自身が朝鮮戦争で共産主義の脅威を感じたうえでの証言でした。これによって急速に対日講和条約が進みました。マッカーサーが証言をしたのは一九五一（昭和二十六）年五月三日ですが、その年の秋（九月八日）にはサンフランシスコ講和条約と日米安全保障条約が署名され、翌年四月二十八日に発効することになったのです。これによって日本は予想外に早い独立を実現することができました。

◉昭和二十七年にマッカーサー証言が報じられていたら戦後史は変わっていた

ところが、この最も重要なマッカーサー証言が日本には伝えられませんでした。別に極秘にされていたわけではありません。事実、『ニューヨークタイムズ』にはマッカーサー証言の全文が載っています。

当時はまだ占領下ですから、その部分は出せなかったという言い訳はあるでしょう。しかし朝日新聞の縮刷版で調べると、先に引用した証言の前後のマッカーサーの発言はすべて掲載されています。この部分だけが抜けているのです。意図的に抜いたのか、検閲を受けて抜かれたのかはわかりません。

そのときは仕方がなかったとしても、その後間もなく日本は独立を回復したのですから、そのときに当時のジャーナリズムが最初に報道するべきだったのはマッカーサー証言だったのではないでしょうか。

もしも講和条約が発効した昭和二十七年に「自衛のための戦争だった」というマッカーサー証言を日本人が知ったらどんなに喜んだことでしょう。あの頃はまだ軍人がたくさん生きていましたし、自分の夫、父親、兄弟が戦死したという人がたくさん生きていました。そういう人たちがどれほど慰められたかと思います。

ある戦争未亡人の詠んだ歌で忘れがたいものがひとつあります。


「かくばかり　卑しき国になりたれば　捧げし人の　ただに惜しまる」

という歌です。詠んだのは恐らく若い戦争未亡人でしょう。自分の夫が戦争に行くときは「お国のため」といわれたのに、戦争が終わったら「犬死にだった」といわれる。日本人自らが「日本は悪いことをした」と自虐し、風俗も乱れてきている。どうしてこんなに卑しい国になってしまったのか。

「こんな国になるならば、お国のためといって愛しい夫を捧げたのがただただ惜しい」というのです。これは未亡人の歌ですが、父親を失った子供の歌としてもいいし、子供を失った親の歌としてもいいし、兄を失った妹や弟の歌としてもいいでしょう。

戦後、戦死した人たちは悪いことをした、犬死にをしたという報道がよくなされました。敗色濃厚になった頃に特攻隊として散っていった人たちもいます。特攻隊というのは、非常に気の毒であったと思います。しかし、国が亡びようかというときに、知識のある人たちが自らの命を懸けた攻撃を志願したというのは日本の教育が立派であった証です。誇りにしていいことだと私は思っています。

イギリスも第一次世界大戦で、本当に「ノブレス・オブリージュ（高貴は義務を強制する）」の精神で、オックスフォードやケンブリッジの学生がたくさん戦死しました。それをイギリス人は誇りに思っています。これは世界のどこの国でも同じです。

特攻隊員の中には嫌々だった人もいたかもしれませんが、多くの人は「お国のため」と出撃していったのでしょう。私はああいう作戦は外道であったと思います。作戦を立案した人自身がそういっています。ただ、それに参加せしめられ、遂行した人たちは尊敬に値すると思うのです。

これを尊敬させまいとして一生懸命だったのが左翼です。左翼は戦後、特攻隊員は「犬死に」であったという観念を広めました。このことがどれだけ日本を害したことか。日本のために戦って死んだのは犬死にだったと思わせようとしたのは、アメリカの初期占領政策に基づくものです。それを受け継いだのが日本の左翼文化人、ジャーナリスト、新聞社、雑誌記者たちでした。

戦後、日本の論壇やマスコミでは左翼が優勢であったため、このマッカーサー証言は長い間封印されていました。私はかすかに噂に聞いていて、東大の小堀桂一郎さんに頼んで新聞研究所から証言の原文を取り寄せてもらいました。それまでは、日本のマスコミでは報道されることのなかった原文です。それを証言から約四十年も経ってから、オピニオン誌に発表することになったのです。

もっと早く出していればと今でも悔やんでいます。もしも出ていれば、日本の戦後の理解の仕方は全く変わっていたはずです。

◉今にまで尾を引く単独講和派と全面講和派の対立

もうひとつの重要なことがあります。サンフランシスコ講和条約の署名が行われるときに、当時の吉田茂首相は、サンフランシスコ講和条約が日本の独立回復のための条約であることから、各党の党首に党派を超えて「一緒に調印しましょう」と呼びかけました。ところが、日本共産党（共産党）と日本社会党（社会党）の二つの党は反対しました。

当時の共産党はソ連の支配下にあるようなものでしたから反対するのはしかたがないのですが、問題なのは野党第一党の社会党がなぜ加わらなかったかということなのです。

このとき「単独講和か全面講和か」という議論がありました。単独講和とは講和条約参加国と個別に条約を締結するという意見、全面講和とは参加国すべてと条約を締結するという意見です。一見、全面講和のほうが単独講和よりも理屈が通っているように感じられるかもしれませんが、当時は東西冷戦が激しく、朝鮮戦争で火を噴いている時代ですから、アメリカとソ連が一緒に講和条約を結ぶ可能性はゼロでした。また、講和条約そのものが日本を自由主義社会に組み入れるものですから、ソ連が賛成するわけはなかったのです。

実際、講和条約に反対し署名をしなかったのは参加した五十二か国の中でソ連とポーランドとチェコスロバキアだけでした。アメリカ主導の講和会議に反対したのです。いずれも共産圏の三か国です。その他の国はアメリカやイギリスと一緒になって日本と講和条約を結びました。ですから全面講和ではないにしても絶対多数講和だったのです。

占領下で特別有利な地位を得た知識人たちのことを私は「敗戦利得者」と呼んでいますが、この人たちは全面講和に賛成するということで立ち上がりました。その象徴的なリーダーは当時の東大総長の南原繁《なんばらしげる》であり、全面講和推進の知識人が集まる総本山が岩波書店でした。

これに反対して単独講和を支持したのは慶應義塾大学の小泉信三《しんぞう》塾長でした。小泉さんが『文藝春秋』に書いた文章の内容を私は今でも覚えています。それは「単独講和とは西側陣営との多数講和であり、全面講和はその多数にソ連と僅《わず》かな衛星国を加えたものにすぎない。そのような全面講和に執着して、日本が占領されたままでいいのか」と、毅然として全面講和派に問いかけたものでした。当時、名の知れた学者で小泉先生以外に全面講和に反対した人はほとんどおられませんでした。

私はそれを読んで感激して、その気持ちをはがきで伝えたのを覚えています。そうしたら小泉先生から返事が来ました。「お互いに言いたいことを言いましょう」と書かれていた記憶があります。それ以来、私は小泉先生を尊敬しています。

要するに、講和条約に反対だった党は「日本の占領状況が続くことがいい」と考えたのです。全面講和という美名のもとに反対すれば日本が独立する可能性はなかったのですから、全面講和論者は即、日本の被占領状態延長主義者だったというわけです。

これが重要なのは、独立反対だった大きな野党第一党があったということです。東西冷戦の時代ですからアメリカ主導の講和条約には反対だという共産党の理屈はわかるとして、当時の社会党が反対したのはなぜなのか。私はこれが戦後日本に今日まで続く病原になっていると見ています。

日本の独立に反対した人たちが、独立したあとも恥じることなく日本に住んでいる。そしてそうした人々の独立反対のDNAを受け継ぐ人たちが今なお少なからず力を誇示している。これが大きな問題なのです。

◉戦後の闇マーケットで大儲けした在日コリアンの支持を受けていた社会党

ワシントン・アーヴィングという十九世紀の小説家の書いた『リップ・ヴァン・ウィンクル』という小説があります。これはアメリカの浦島太郎みたいな物語です。木こりのリップ・ヴァン・ウィンクルが猟に出て森の奥深くに入り込みます。そこで自分の名を呼ぶ声が聞こえてきて、その声を求めてさまよっていると見知らぬ老人と出会います。その老人についていくと広場のような場所に出ます。そこでは男たちが球遊びに興じたり酒盛りをしたりして楽しそうにしていました。リップ・ヴァン・ウィンクルはその仲間に入って愉快なひとときを過ごすのですが、やがて眠り込んでしまいます。そして、目が覚めて町に戻ると、あたりの様子は一変していました。友はみんな年をとり、妻はすでに死んでいました。そしてアメリカが独立していました。たった一晩と思っていたら、いつの間にか二十年が過ぎていたというわけです。

アメリカ独立戦争のとき、祖国と戦うことに反対した人たちがいました。ところが数年のうちに独立賛成派が勝つと、反対派の人はいたたまれなくなってカナダに行ったり祖国に戻ったりしたようです。リップ・ヴァン・ウィンクルは、この反対派の人たちの象徴で、アメリカでは時代に取り残された人たちという意味でとらえられるようです。

アメリカの反対派の人たちは、ある意味で自らの主張を貫いて行動をしたのですから立派です。ところが、日本の独立反対派は日本が独立しても平気で日本にとどまっていました。なぜこの人たちはそれが可能であったのかと私は考えるのです。共産党の理由はわかり過ぎるから言う必要もないと思いますが、社会党はなぜなのか。

それを理解するには、日本が独立せずに占領下にあることによって誰が得をするのかを考えてみればいいのです。日本の警察権が及ばない人たちのグループがあるということなのです。

いくつかのグループがありますが、とくに目覚ましいと思うのは在日コリアンです。朝鮮半島から日本に渡ってきたコリアンは両班《ヤンバン》の出身者のような人を除けば皆、極貧といっていい状況にありました。朝鮮自体が非常に貧しかったのですが、そのうちでもとくに貧しかった人たちが日本に渡ってきたといって間違いないでしょう。

そんな彼らは占領下の日本でほとんど全員が金持ちになりました。戦後にできた闇マーケットで儲けたのです。日本人でも闇マーケットに加わっている人たちはいましたが、皆、警察の厳しい取り締まりを受けました。しかしコリアンは警察が取り締まれなかったのです。それゆえ思う存分に儲けたわけです。

　占領下にあって、この人たちは「第三国人」といわれていました。これは彼らを蔑視する言葉ではありません。なぜそう呼ばれたかというと、彼らが日本と戦った当事者ではないからです。つまり、戦後の日本には「占領軍」と「日本人」と「その他の人」がいたのです。この「その他の人」が第三国人です。この人たちはもちろん、日本が占領下であることが望ましいと考えていたことでしょう。

　ハイデガーの研究者として有名だった哲学者の木田元さんと以前対談をしたことがあります。木田さんは海軍兵学校で終戦になり、女の兄弟とお母さんが住んでいた鶴岡に来ました。お父さんがまだ復員してこなかったため、一家を養うために鶴岡の米を東京に持っていって闇マーケットでお金を稼いでいたそうです。そのお金で山形県立農林専門学校（現在の山形大学農学部）に入学したということでした。

　当時の状況をうかがったところ、東京までの汽車はいつも超満員だったそうです。みんな米や農作物やその他の生活用品を背負って都会に出かけ、闇で儲けて生活をしようとしていたのです。ところが、満員列車の中でぽかっと空いている車両がありました。それは朝鮮人が頑張っている車両で、日本人を入れなかったそうです。

そうやって悠々と闇生活を送って金持ちになっていったのが占領時代の在日コリアンでした。そして、肝心なことはこの人たちが社会党の大きな金主であったということです。

私は偶然読んだのですが、小説家として人気のあった吉屋信子のエッセイの中にこんなことが書かれていました。彼女と菊池寛（小説家であり『文藝春秋』の創刊者）が京都に汽車で旅行をしていたときに、菊池寛が「今度の選挙は社会党も苦しいだろう。金もあまりないだろうし」と口にしたそうです。すると、「何を言うか！」と、いきなり在日コリアンとおぼしき連中に取り囲まれたというのです。彼らは「社会党には金はあるぞ。俺たちはいっぱい出しているんだ」とすごみ、吉屋信子は非常な恐怖感を味わったというのです。

これは在日コリアンから社会党系に金が流れ込んでいたことを示す非常に興味深い話です。こういうコリアンとの深い関係があったために、社会党が全面講和にこだわり日本の独立に反対したと考えるのはごく自然なことでしょう。

そして、この構図はこの前の民主党政権にまで続いているのです。民団（在日本大韓民国民団）は民主党支持を明らかにしていますし、民主党もわざわざ党を挙げて支援のお礼に行っているのです。

さらに旧社会党系統の人たちは今も憲法改正に反対していますが、これも在日コリアンに配慮してのことでしょう。

今の憲法は日本の占領を前提とした憲法です。前文には「平和を愛する諸国民の公正と信義に信頼して、われらの安全と生存を保持しようと決意した」とあります。これ即ち、「日本人の安全と生存を外国に委ねる」といっているのと同じです。被占領国の憲法だからそんな無責任なことがいえるのです。そして、その被占領国の憲法にとどまろうとしている人たちは、そもそも日本の独立に反対する系統に連なる人たちなのです。これを忘れてはいけません。

社会党系の人たちが憲法改正に反対なのは今に始まったことではなく、単独講和と全面講和の論争にまで遡る話なのです。彼らはもともと日本の独立を望んでいないのです。この事実は戦後の歴史を知るときに絶対に忘れてはならないことです。

◉世界史上初めて開かれた東南アジアサミットであった「大東亜会議」

村山談話にしても故土井たか子氏にしてもそうですが、旧社会党系の人は戦後、「日本が悪かった」一辺倒で「謝罪しろ」という謝罪史観を一貫して述べてきました。その対象は単に大東亜戦争といわれた戦争にとどまらず、さらに遡って明治四十三（一九一〇）年の日韓併合まで含めます。つまり、「近代日本のすべてが悪かった」というのが「日本社会党史観」なのです。

ここでは日韓併合の話は抜きとしますが、一言だけいっておくならば、日韓併合についてはイギリスもアメリカも当時の清国もロシアも反対しなかったどころか、むしろ勧めていたほどで、「日本だけが悪い」という見方は全くの見当違いです。

次にこの前の戦争については、「アジアに謝れ」というのが「日本社会党史観」の中核となる主張です。この謝罪となる対象の「アジア」とはどこなのかを明らかにする必要があります。当時、東南アジアはほとんど欧米諸国の植民地でした。そこで日本が戦ったことは事実ですが、結果からいえば、これは植民地となった国々の独立戦争を日本が代理で行っていたようなものです。フィリピンは日本の占領下でアメリカから独立しました。ビルマ（現ミャンマー）も日本の占領下でイギリスから独立しました。インドネシアやインドはまだ独立には至りませんでしたが、昭和十八年に東京で開かれた大東亜会議にはインドネシアのスカルノ大統領がオブザーバーとして出席していますし、インドからは独立インド軍の代表としてチャンドラ・ボースが出席しています。

戦後になると大東亜会議が公に論じられることは全くなくなりましたが、先にも述べたように、これは世界史上初の東南アジアサミットといっていい画期的な会議でした。当時の重光葵外相の発案によるものですが、本当は昭和十七年にやるべきであったと思います。残念なことに、そのときはまだ重光さんは外務大臣ではなかったのです。それで外務大臣に就任するとすぐに大東亜会議の開催を東條首相に進言し、東條首相はそのアイデアを非常に喜んで、すぐに開催が決まったのです。

全会一致で採択された大東亜共同宣言では、大東亜の安定の確保、自主独立の尊重、伝統の尊重などが謳われています。したがって、この地域での日本軍の戦闘行為は、欧米諸国に対する彼らの独立戦争を代理でやったという側面が非常に強いのです。今読んでも訂正する箇所などないといってもいいのです。

これを証明するために、イギリス人のノエル・バーバーという人が書いた『不吉な黄昏――シンガポール陥落の記録』（中公文庫）という本を挙げたいと思うのです。著者のバーバーはシンガポールの新聞の編集長もやったことがあるイギリス人で、戦前のシンガポールもよく知っています。

このバーバーによると、戦前のシンガポールは白人の天国で、その隅に貧乏だけれども忙しくがやがやしているシナ人と、だらけているインド人がいたといっています。白人の住む地域は全くの天国で、そこにいる有色人種といえば、せいぜい召使いぐらいであったというのです。そして白人の女性たちが子供を産むと、乳母になる人を探すのに不自由しなかった、と。乳母になる人たちはシナ人やインド人の女性ですが、これらの人たちは同胞のシナ人やインド人のところに勤めるよりずっと待遇がいいために非常に忠義であったというのです。

シンガポールというのは七十年かけてイギリスが築いた難攻不落と称する要塞でした。ですから、日本との戦争が始まりそうになると、イギリスのチャーチルはシンガポールにプリンス・オブ・ウェールズとレパルスという巨大な軍艦を派遣しました。プリンス・オブ・ウェールズはイギリスの誇る最新鋭の戦艦で、その前年にチャーチルとルーズベルトがアメリカ沖で大西洋条約や大西洋憲章をつくったときにも使った船でした。

この最新鋭の戦艦がやってくるというので、戦争が始まってもシンガポールのイギリス人は安心しきっていたようです。日本が進軍してくるという情報にも騒ぐことなくのんびりかまえていました。もちろん中には「もっと防衛すべきだ」という意見もあったようですが、防衛の総大将であるパーシバル中将は、そんなに騒ぐと白人の権威に傷がつくと考えたらしいのです。有色人種の手前、「白人はお前たち有色人種のように臆病ではないのだぞ」という態度を示す必要があったのかもしれません。結果としては、日本軍の攻撃によって簡単に落ちてしまうのです。その後、シンガポールは日本の占領期間を経て戦後を迎えます。

戦前にバーバーの知り合いであるシンガポールの新聞の副編集長だったイギリス人の男が、アジア人とデンマーク人のハーフの美女と結婚しました。道を歩けば誰もが振り向くほどの美女だったそうですが、戦前には、たとえ結婚していても有色人種の血の入った婦人を白人のクラブに連れていくことができなかったそうです。それほどの有色人種差別があったわけです。

ところが日本の占領が終わった戦後になると、白人オンリーであったクリケット場やテニス場にも連れていくことができるようになったというのです。人種の差別はなくなって、みんなクリケットやテニスを楽しんでいる、と。それを見たバーバーは、これはある意味で日本の占領のお蔭であって感謝すべきではないか、というような意見を述べています。

この見方は戦前から戦後にかけてシンガポールに暮らし、イギリス植民地時代と日本占領時代を体験したイギリス人の言葉として非常に重要です。そのイギリス人ですら人種差別がなくなったことを「日本に感謝すべきではないか」といっているのです。もしも日本が東南アジアに進出していなければ、なお百年か二百年は植民地の状態が続いていたはずです。

そういう理由から、東南アジアについて謝る必要はありません。実際にタイ王国とは良好な関係が続いていましたし、東南アジア全体を見れば反日感情もそれほど強くはないのです。

◉果たして日本は侵略をしたのか――①侵略戦争の定義

社会党が挙げるアジアへの謝罪の対象には、当然、中国が含まれているでしょう。では、中国に日本は謝る必要があるのでしょうか。これについてまず指摘しておきたいことがあります。中国との戦争といったとき、昭和六（一九三一）年に起こった満洲事変から話を始める人が非常に多いのですが、これは全くおかしな話であるということです。

東京裁判では昭和三（一九二八）年を起点として日本の「戦争犯罪」を裁こうとしています。マッカーサーは当初、東京裁判をニュールンベルク裁判に則ってやろうとしました。つまり、戦争を扇動した団体や機関を特定して裁くつもりだったのです。しかし、日本にはナチスに該当するような組織は存在していませんから、それでは裁けないことがわかってきました。

そこで方針を転換して、日本の条約違反を問うたのです。つまり、昭和三年に日本は不戦条約（パリ条約）に調印しているのに満洲事変を起こしたのは不戦条約違反ではないか、それから大正十一（一九二二）年のワシントン会議で中国の門戸開放・機会均等・主権尊重を取り決めた九カ国条約に違反しているのではないか、という理由を挙げて裁判を始めたわけです。

あらかじめ断っておくと、不戦条約というのは最初にアメリカの国務長官フランク・ケロッグとフランスの外務大臣アリスティード・ブリアンが始めた協議が広がって、最終的に世界六十三か国が批准をした条約です。その中身は、国際紛争解決の手段として、条約締結国相互間の戦争を放棄し、平和的手段により解決することを規定しています。

この条約を批准するときにアメリカ議会で次のような議論がありました。この中身が非常に重要なのです。アメリカ人は基本的に戦争を悪いものだとは思っていませんから、議会では不戦条約に対する批判がありました。これに対してケロッグも「すべての戦争が悪いというのではない。侵略戦争が悪いのだ」と述べています。では侵略戦争とはどういう戦争かというと、ケロッグは次のように定義しているのです。

「国境を越えて攻めてきたようなものは問題がない。しかし、国境を越えて攻めてきたということのみならず、経済的にも重要な脅威を与える行為は侵略である――」

これについて考えなくてはならないのは、大東亜戦争の前に日本に対して敷かれたいわゆるＡＢＣＤ包囲網のことです。これはアメリカ、イギリス、オランダ、中華民国の四か国が日本に対する経済制裁を取り決めたもので、これにより先のマッカーサーの言葉にあったように日本には資源が入ってこなくなりました。つまり、日本に資源を輸出しないことで日本に経済的な脅威を与え、日本が近代国家として成り立たないようにしようと目論んだのです。これはケロッグがいった侵略行為にあたるのではないでしょうか。日本が不戦条約を破ったといいますが、それは逆なのではないでしょうか。ケロッグの定義に従えば、日本に経済的に重要な脅威を与えたアメリカほか四か国が日本に対する侵略戦争を起こしたといってもいいはずです。

◉果たして日本は侵略をしたのか――②満洲に安定をもたらした満洲国の建国

また九カ国条約では確かに「中国の自主性を認めよう」ということが決まりました。しかしこの条約には期限が定められていませんでした。そのうえに条約に入らなかったソ連が強力な武力を東アジアに集中させ始めるという重大なる状況の変化がありました。

さらに加えて、シナ自体がこの条約を全然守りませんでした。たとえば「ボイコットをしない」とか「外国人の安全をおかさない」ということも約束したのですが、それは全然守られないどころか、軍備の増強もしています。

期限を決めない条約で、しかも状況に重大なる変化があれば、これから退いても別に条約違反にはなりません。そういう目で見ますと、どういうことになるでしょうか。

まず一九一一（明治四十四）年に辛亥革命というものが起こりました。これは「革命」という言葉を孫文が日本から学んで使ったもので、実際はシナ人の満洲族支配からの独立運動でした。この辛亥革命によって清朝（満洲人の政府）が倒れ、中華民国（シナ人の国）が樹立されるのです。

その一方、打倒された清国の最後の皇帝溥儀《ふぎ》は北京の紫禁城《しきんじょう》に住むことを許されますが、その約束は守られず、城内に留まることはできなくなります。退位した皇帝を守るシナ人がいるわけもなく、命の危険にさらされていました。それで一九二四（大正十三）年十一月二十九日、風が強く黄砂が飛んで目も開けられないような日に上手く護衛兵の目をくらまして、信頼していたイギリス人家庭教師のレジナルド・ジョンストンと二人で北京の住居を脱出し、日本公使館に転がり込むのです。その後、天津に移り、満洲事変のあとに満洲に移り、満洲国皇帝の位に就くのです。

その頃の満洲には自らを満洲の王と称する匪賊《ひぞく》が乱立していて、きわめて治安が悪化していました。日本は日露戦争以後、満洲に一定の権限を持っていましたが、そこに暮らす日本人の身も危なくなってきました。そこで関東軍の石原莞爾《かんじ》や板垣征四郎《せいしろう》が主導して満洲問題の解決に動き、結果として満洲事変が起こることになるのです。

そこに日本が天津から溥儀を連れて帰りました。満洲は満洲族の母国です。その地に満洲出身の清朝皇帝が帰ってきたわけです。すると、それまで自らを満洲の支配者であると名乗っていた者たちは何もいえなくなりました。これによって日本は満洲の治安維持をはかろうとしたわけです。実際にそういう匪賊の親玉みたいな連中はすべて溥儀の家来になりました。その一人であった張景恵という人は満洲国の総理大臣になって、大東亜会議にも出席しています。

満洲国のすべての大臣には満洲人、あるいは清朝の中心にいたシナ人がつきました。しかし行政力がなかったので日本が手助けしたのです。それを見て満洲国は日本の傀儡《かいらい》政権であると批判されますが、こんな立派な傀儡政権はないといっていいでしょう。日本が力を貸さなければ満洲国は成り立たなかったのです。潰れてしまっては傀儡どころの話ではありません。

満洲国ができて満洲の治安は非常によくなりました。これは他の日本の統治した場所でも見られた現象ですが、日本が統治すると治安が非常に良くなるのが特徴です。満洲は元来、封禁《ふうきん》の地といわれ、シナ人は長い間入れませんでした。ノーマンズランドと揶揄《やゆ》されるほどの荒れ地だったのです。ところが、治安のよくなった満洲には毎年百万人ものシナ人が流れ込みました。シナ人だけではなく、白系ロシア人や蒙古人や朝鮮人もやってきました。もちろん日本人も入ってきました。これによって五族協和が実現したのです。これを溥儀が喜んでいたことは明らかです。

満州事変の三十年前に起こり、満洲に対する日本軍の暴行の発端といわれていた柳条湖《りゅうじょうこ》における鉄道爆破事件（張作霖《ちょうさくりん》爆死事件）の真実も明らかになってきています。関東軍の犯行といわれていましたが、使われた火薬は日本製ではありませんでした。また、線路に爆弾を仕掛けたということになっていますが、線路に損傷はなく貨車の屋根が爆破されたものであるという調査資料がイギリスのアーカイブから見つかっています。そのため、今日ではほぼ百パーセント日本軍の犯行ではなかったという見方が大勢を占めています。イギリスで出版されたユン・チアンの『マオ——誰も知らなかった毛沢東』にも、そのことが書かれています。

ですから昭和三年から日本の戦争犯罪を立件しようとした東京裁判は端からナンセンスだったわけです。しかも一九三二（昭和七）年に建国した満洲国は順調に素早く近代化が進んでいました。それは当時世界中で最も目覚ましく近代化が進んだ地域でした。

中華民国政府も一九三三（昭和八）年五月に塘沽《タンクー》協定を結んで実質的に満洲国を承認しています。また、ローマ教皇庁も満洲国を承認していますし、当時の世界の独立国の三分の一以上と国交を結び、国交を結ばなかった国でも企業が進出するなど、実質的に満洲国の存在を認めていたのです。

ですから満洲国に対しては「侵略」という言葉は全くあたりません。事実、満洲の調査に国際連盟から派遣されたリットン調査団（イギリス人のリットン伯爵を団長にアメリカ、フランス、ドイツ、イタリアの代表が加わった）が三か月にわたる調査をして報告書を提出していますが、これには「不毛の荒野であった満洲の住人の大半がいまや支那人でありこれは日本の地域経営の成果である」と認め、「満洲に日本が持つ条約上の権益、居住権、商権は尊重されるべきである」と書かれています。つまり、日本軍の行動が一概には侵略とはいえないということが示されているのです。

また、この報告書の前に、もしも溥儀の家庭教師であったレジナルド・ジョンストンの書いた『紫禁城の黄昏』という本が出ていたとしたら、侵略ではないということがより明白になっていたはずです。ジョンストンは溥儀と一緒に紫禁城から脱出した家庭教師というだけではありません。一流のシナ学者であり、イギリスに帰ってからは外交官になり、最終的にはロンドン大学の教授となり、東方研究所の所長を務めました。彼は教え子であった溥儀が満洲国の皇帝になったのを心から喜んで、自分の研究室に満洲国の旗を掲げていました。

『紫禁城の黄昏』は東京裁判のときに弁護側の資料として提出されましたが、却下されました。そこにすでに恣意《しい》的なものがあるのがよくわかります。もしこれが資料として採用されていたら、満洲事変は全く問題にされなかったはずです。そもそも大東亜戦争に満洲事変まで含めるのは無理があるのです。

また一九三九（昭和十四）年に満洲とモンゴルとの国境線をめぐって日本とソ連が対峙《たいじ》したノモンハン事件も大東亜戦争に含まれていますが、これは事後に停戦協定が締結されて済んだ話です。それを蒸し返して裁判で問うというのも全くおかしな話です。

◉果たして日本は侵略をしたのか――③米英ソの思惑によって泥沼化した支那事変

こう考えてくると、侵略か否かで問題になるとすれば、それは支那事変だけです。しかし、これについても私は「侵略に非ず」ということを一言で答えることができます。

支那事変については東京裁判ですらも日本の開戦責任を問うことができませんでした。一九三七（昭和十二）年七月七日の盧溝橋事件は調べてみれば国民党政府軍から最初に弾を撃ってきたものであり、しかも、その弾を撃ったのは蔣介石の軍隊に入り込んでいた中国共産党の人間でした。共産党は、日本と国民党政府軍に戦争をさせて国民党政府軍を弱らせようと画策していたのです。

さらに弁解のしようのないのが、同年の八月十三日に起こった第二次上海事変です。このときは、いきなり数万の国民党の大軍が上海の日本人居留地を攻撃してきました。空襲では百貨店やホテルに爆弾が落ちて、戦後に駐日アメリカ大使になるライシャワーさんのお兄さんも亡くなっています。

だから支那事変は日本が勝手に始めたということは絶対にありませんし、戦争が始まってしまえば、あとは戦争の原理で動くしかないわけですから、「どっちもどっち」なのです。上海事変のあと、日本軍は南京を攻略し、一九三八（昭和十三）年の秋までに武漢三鎮を占領します。すると蔣介石は山の奥の重慶に逃げました。この時点ですでに戦う力を失い、実質上の統治能力はなくなったと考えるべきでしょう。たとえていえば、大阪も京都も東京も占領されたから岩手県まで逃げたというような感じになるのです。

その後、一九四〇（昭和十五）年になると重慶に引っ込んだままの蔣介石に代わって汪兆銘が南京政府をつくります。このとき、日本はシナから撤退する予定でした。日本の陸軍は戦争の長期化を嫌い、すでに南京が陥落した直後に多田駿《はやお》参謀本部次長が近衛文麿《このえふみまろ》総理に向かって「ここで戦争を辞めにしてください」と懇請しているのです。ちょうどトラウトマンというドイッ大使が日本と国民政府の仲介に入って和平工作をしていたところでしたから、それに乗って停戦してくれというのが陸軍の望みだったのです。

しかし、近衛の周辺にいた左翼の連中や一部の軍人たちがそれに反対しました。まだ蔣介石が残っているじゃないか、という理由です。常識的に考えれば、大阪、京都、東京まで占領されて岩手県にいるような人が政権を維持できるわけがありません。それなのになぜ蔣介石がもったかといえば、アメリカとイギリスが裏で助けていたからです。それがなければ、武漢三鎮を占領した一九三八年の秋の時点で支那事変は終わる可能性もあったのです。

それを終わらせなかったのは、主として米英、そしてそれに加わっていたソ連の思惑があったからです。だから、これについても日本が謝罪をする必要はありません。「遺憾であった」といえばそれでいいのです。私もあの戦争は遺憾であったと思っています。

◉「勝てる戦争に負けた」という見方もできる先の大戦

ついでにいっておくと、戦争で日本が負けたため、「日本軍は弱かった」という人がいます。しかし、決してそんなことはありません。当時、日本には圧倒的に優れた軍事力をつくる能力がありました。まず機動部隊をつくったのは日本が世界で最初でした。アメリカは日本の機動部隊を真似して自軍の機動部隊を編成し直したのです。大海洋国のイギリスにも機動部隊はありませんでした。さらにいえば、航空母艦はソ連にもドイツにもありませんでした。

ハワイの真珠湾攻撃も、それができたということ自体、日本の軍事力の優秀さのあらわれです。アメリカは「ハワイが攻撃される」という予測はしていましたが、本気にはしていなかった節があります。ミッドウェーあたりまで日本が進出してくることは想定していたようですが、ハワイまでやってくるわけがないと油断していたのです。ところが、日本は真珠湾を攻撃しました。これによってアメリカは泰平の夢を破られたのです。

ただ、真珠湾攻撃は成功したのですが、あえていえば第三次攻撃まで仕掛けるべきでした。第一次攻撃ではアメリカの準備不足で日本側に大きな被害は出ませんでした。ところが、数分後には応戦してきたため、第二次攻撃では飛行機に多少の被害が出ました。機動部隊司令官の南雲忠一《なぐもちゅういち》中将はそれを見て第三次攻撃を断念してしまったのです。

本当は第三次攻撃で兵器工廠《こうしょう》と石油基地を攻撃する予定だったようです。そのとき南雲艦隊は二手に分かれていて、第二航空戦隊司令官の山口多聞《たもん》少将は「第三次攻撃準備完了!」と信号を送りましたが、南雲中将はそれを許さずに引き揚げるのです。

その帰り方がいかに気に食わないものであったかは連合艦隊司令長官の参謀であった宇垣纏《まとめ》中将のその日の日記を読めば明らかです。「なんだ、この南雲艦隊の逃げ方は?」「コソ泥みたいではないか」「さっさと逃げやがって」とボロクソに叩いているのです。

これは連合艦隊司令長官の山本五十六大将も予期していなかったようですが、「まあ南雲さんだからな」といって諦めたといいます。というのも、南雲中将はもともと水雷艇が専門で、飛行機のことはわからなかったのです。山口少将は航空の専門家ですから、まかせておけば石油タンクと兵器工廠は確実に破壊できていたはずです。

これが太平洋戦争の勝敗のひとつの分岐点となったといってもいいでしょう。石油タンクを破壊しておけば、アメリカはしばらくの間、太平洋で軍艦を動かせなかったからです。アメリカは太平洋で自由に動き回るために、ハワイ基地に何年もかけて石油を運んで備蓄していたのです。軍艦は石油がなければ動けません。石油が生命線であったのはアメリカも同じです。真珠湾攻撃のときに港内に航空母艦がいなかったのを残念がる人もいますが、石油タンクを爆破しておけば航空母艦を沈める必要すらなかったのです。

「ミッドウェー海戦でアメリカが負けていたら」という想定で書かれた、『大戦の思い出』というアメリカの作家ハーマン・ウォークの大著があります。ハーマン・ウォークは日本でいえば『坂の上の雲』を書いた司馬遼太郎みたいな人です。この人が「ミッドウェー海戦こそがこの前の戦争の山場であった」と書いています。普通に戦えば、アメリカ軍は勝てるわけがなかったというのです。ところが、その小説の中に書いてあるように日本軍は明らかに油断をしていたのです。

たとえば、ミッドウェーに展開していた日本軍に向けてアメリカの雷撃機が攻撃に行きます。しかし護衛艦を連れずに来たために、ほとんどが零戦に落とされてしまいました。あまりに簡単に撃ち落とせるので、零戦のパイロットは雷撃機を次々に撃ち落としていたのですが、自分の軍艦の上空をがら空きにしていたのです。その隙を縫ってアメリカの爆撃機が日本の機動部隊を攻撃し、日本は航空母艦四隻と多くの艦載機を失ってしまうのです。

ハーマン・ウォークが指摘しているように、もしもミッドウェー海戦でアメリカが負けていれば、日本の軍艦は太平洋を自由に動き回っていたでしょう。それに対抗するために、アメリカ陸軍は西海岸に集まらなければならなかったはずです。アフリカでイギリスを助けている場合ではありません。アメリカがアフリカから撤退すれば、ドイツのロンメルがスエズやカイロを占領して、そのあたりで日独が手を握る可能性がありました。そうなれば、フランスに続いてイギリスも降参せざるを得ない。するとアメリカだけが戦争をしているわけにいかなくなって、ドローンゲームになっていただろうとハーマン・ウォークは推測しています。

これは「もしミッドウェー海戦でアメリカが負けていたら」という歴史のＩＦの話ですが、真珠湾攻撃で石油タンクに爆弾が落ちていれば、すでにその時点でアメリカには勝ち目がなかったといっていいと思います。真珠湾で当初の計画通りに第三次攻撃を仕掛けていれば、ミッドウェー海戦もなかったたし、その後のガダルカナルの戦いもなかったのです。そう考えると、第三次攻撃をしなかったのは日本にとって痛恨のミスといっていいでしょう。

アメリカの太平洋艦隊司令官だったニミッツ提督も、戦後の著書の中で、「ハワイの石油タンクがやられていたら、半年ぐらいは太平洋でアメリカの船を動かせなかっただろう」という趣旨のことを書いています。そうすれば昭和十七（一九四二）年四月十八日のドーリットルによる東京初空襲もなく、したがってミッドウェー海戦もなかったはずです。

ミッドウェーのときにも山口多聞の二次攻撃の進言を南雲中将は却下しています。これも今から見ると明らかな失敗でした。また、ガダルカナルのときはトラック島に戦艦大和がいました。ガダルカナルには輸送船に乗った二万人程度のアメリカ軍の兵隊がいましたが、もしもそこに戦艦大和が行っていたらアメリカ兵は全滅していた可能性が高かったと思います。二万人を失えば、アメリカは戦争続行を考え直していたはずです。

というわけで、この前の戦争で日本は勝たないまでもドローンゲームにする機会が少なくとも二、三回あったと思います。ところがそのチャンスをすべて逃したために、どんどん戦況は不利になっていきました。輸送船が沈められて石油がなくなり、鉄も足りなくなりました。これに対してアメリカにはいくらでも石油があるわけですから勝ち目はありません。一気に差がついてしまい、日本は負けてしまったのです。

しかし、日本は簡単に負けたわけではなくて、昭和十九（一九四四）年六月のマリアナ沖海戦あたりまではまだ対等に戦っていました。そして、うまく戦っていれば、その前に決着がついた可能性も十分にあったのです。「日本は弱かった」と思っている若い人には、このことを是非知ってもらいたいと思います。

第三章

終戦後、何がどう変わったのか

上智大学文学部英文学科入学（右が著者）。恩師・
佐藤順太先生（中央）と（1949 年）

◉占領政策基本法としてつくられた日本国憲法

占領下の日本を考えるためには、まず憲法の話をしておかなければなりません。

憲法が制定された当時、私は学生ですから気づかなかったのですが、あとになっていろいろ考えました。そしてわかったことは、当初GHQ（連合国軍最高司令官総司令部）は日本の占領形態を直接統治にするつもりだったらしいのです。直接統治というのは、お金はドルになり、公用語は英語になり、裁判も英語で行われるということです。その予定を耳にした重光葵外務大臣がGHQを説得して、間接統治に変更させたというのです。

間接統治というのは日本政府が今まで通り日本を治めるし、天皇も戴く。ただ、その上に占領軍があるという形をとります。表向きは日本政府が統治しているように見えるけれども、奥の院にはGHQがいて、その許可がなければ何もできないという状況です。実際に、当時の法律はすべてGHQにお伺いを立てて、進駐軍がノーといえば立法できなかったのです。

しかし、細かい法律までいちいちチェックするのは面倒だというので、占領のための基本法を策定しようということになりました。この基本法の名を「憲法」とすることにしたのです。占領政策基本法ですから、別に憲法学者がいなくても問題はなかったのです。よく「憲法は素人が一週間でつくった」と批判されますが、ＧＨＱにしてみれば「どこが問題なのか」といったところでしょう。

もっと重要なのは、憲法の形をとって間接統治にしようとした発想がきわめて狡猾なやり方であったということです。憲法は主権がなければ制定できないのですから、占領をしながら憲法をつくるというのは端からできない相談なのです。そういう状況下でＧＨＱは憲法と称するものをつくって占領政策として押しつけたわけです。

しかも、憲法としての体裁をとるために、ＧＨＱは天皇を利用しました。言い方をかえれば、天皇は嘘をつかされたのです。なんとなれば当時は皇室が残るか残らないかは重大な問題であって、天皇としては抵抗できない状況にあったと考えられます。一種の脅迫状況にあったといってもいいかもしれません。

そのような状況に置かれて、天皇は「日本国憲法公布記念式典の勅語」という勅語を公布されたのです。

日本国憲法公布記念式典の勅語（昭和二十一年十一月三日）

本日、日本国憲法を公布せしめた。

この憲法は、帝国憲法を全面的に改正したものであつて、国家再建の基礎を人類普遍の原理に求め、自由に表明された国民の総意によつて確定されたのである。即ち、日本国民は、みづから進んで戦争を放棄し、全世界に、正義と秩序とを基調とする永遠の平和が実現することを念願し、常に基本的人権を尊重し、民主主義に基いて国政を運営することを、ここに、明らかに定めたのである。

朕は、国民と共に、全力をあげ、相携へて、この憲法を正しく運用し、節度と責任とを重んじ、自由と平和とを愛する文化国家を建設するやうに努めたいと思ふ。

朕は、日本国民の総意に基いて、新日本建設の礎が、定まるに至つたことを、深くよろこび、枢密顧問の諮詢及び帝国憲法第七十三条による帝国議会の議決を経た帝国憲法の改正を裁可し、ここにこれを公布せしめる。（傍点渡部）

御名　御璽

しかし、天皇の勅語にある内容とは全く違って、憲法は「自由に表明された国民の総意によつて確定された」ものではありません。憲法については一切の議論が日本には許されませんでした。せいぜい英文で書かれた憲法を翻訳するときの訳文について意見がいえるぐらいのものでした。

ですから、あの憲法は「占領政策基本法」だと認識すべきなのです。実際に宮澤俊義《としよし》をはじめとする東大の憲法学者たちも、初めは「日本国憲法の制定は日本国民が自発的自主的に行ったものではない」し、「大日本帝国憲法の部分的改正で十分ポツダム宣言に対応可能」であるといっていました。

ところが後に宮澤俊義は変節してこの説を撤回します。そして、ポツダム宣言の受諾によって日本の主権は天皇から国民に移行したのだから、その時点で大日本帝国憲法は効力を失い、ポツダム宣言受諾後の総選挙で新たな主権者となった日本国民によって選ばれた衆議院議員が国会の場で審議をして制定された日本国憲法は国民の制定した憲法になるという「八月革命説」を唱えるのです。

この変節の裏にはＧＨＱからの圧力があったものと思われます。おそらく公職追放を臭わされて脅迫を受けたのでしょう。当時の学者にとって公職追放ほど恐ろしいものはなかったのです。

ともかく、日本の憲法学者の頂点にいた宮澤氏が意見を変えたため、数人の例外を除けば、日本の法律学者はほとんどすべて日本国憲法のもとで憲法学の先生になっていくのです。これに反対して自殺した本物の憲法学者もいました。憲法学者である以上、成立の状況から見て、あれが憲法ではないことは皆わかっているはずです。だから今、日本は憲法が嘘であることを知っている人によって守られているという状況になっているといってもいいのです。

◉日本人の手に憲法を取り戻すために必要な明治憲法への回帰

ついでながら、この状況から抜け出す方法は簡単です。まず国会議員の三分の二の賛成を得て憲法をつくり直して新憲法の草案をつくるのです。それを新憲法草案として国民の大多数の賛成を得て一応決めておいた上で、衆議院で「今日をもって現行憲法は廃止し、明治憲法に戻ります」と宣言をします。そののちに、明治憲法の取り決めに倣《なら》って新憲法を発表するのです。

この「明治憲法に戻る」というのが大事なところです。私は憲法改正に大賛成ですが、今の改正論者の考え方だと、明らかにアメリカがつくった憲法を日本人が容認したことになります。たとえ現行憲法をそっくりそのまま認めるにしても、一度、明治憲法に戻ってそこに定められた改正手続きを経なければ、日本人の手によってつくった憲法にはならないのです。明治憲法に戻るのは一日でもかまいません。そこで明治憲法を廃止ないしは主体的に改正して、今後は新たな憲法草案を憲法とすることを宣言すればいいのです。憲法のような根本的なものは、少しのごまかしがあってもいけないと思います。

明治憲法に戻って新しい憲法を採択するというのが面倒に感じるかもしれませんが、明治憲法の改正要件は実に簡単で、天皇の許可があって議員の三分の二のうち議会に出席している議員の三分の二の賛成があれば改正できることになっています。ですから、新憲法草案を事前に準備しておいて、「本日、明治憲法に戻ります」と宣言して、その同じ日の議会で新憲法を発布することも可能であると思うのです。

では、戦後、我々が使ってきた法律はどうなるのか、という疑問が生じるかもしれません。それは新しい憲法に附則を付けておけばいいのです。「占領という異常事態のもとでつくられた占領政策基本法（今の憲法）に基づいてつくられた諸法律は新憲法に基づいて改正されるまでは有効とする」としておけば何も問題はありません。さらにいえば、新しい憲法は今の憲法とほとんど変わらなくてもかまわないのです。ただ手続き上、一度、明治憲法に戻らなければならないというのが私の考え方です。

◉二十万人以上が引っかかった恐怖の公職追放令

宮澤氏が主張を変えたのはおそらく公職追放が怖かったからだろうといいましたが、この公職追放令こそは本当に重要な問題です。私の思い出をお話しすると、動員が終わって中学校に戻ると校長先生が代わっていました。公職追放令に引っかかったのです。二十万人以上が公職追放になったといわれています。

その人選をした中心人物はハーバート・ノーマンであろうと考えられます。この人は日本に来た宣教師の息子で、日本で育ち、後にイギリスやアメリカで学んだカナダ人外交官で、戦後GHQの要請を受けてカナダ外務省から出向し、天皇とマッカーサーの会談の通訳などを務めています。このノーマンが周辺にいた日本の左翼学者たちとともに公職追放のリストを作成したことはほぼ間違いないと思われます。ノーマンは後にソ連のエージェントの疑惑を受け自殺しました。彼は共産党員だったのです。

公職追放がどれほど恐怖だったことか。戦争中は「命なんか惜しくない」と頑張っていても、平和になって、さあこれから一緒に新しい日本をつくろうとなったときに「お前はいらない」といわれたとしたらどう感じるでしょう。恐らく目の前が真っ暗になるほどの恐怖に違いありません。

公職追放にはなぜか松下幸之助まで引っかかっています。でも、松下さんがすぐに復職したように、実業界であればまだ元に戻りやすかったのです。その意味では被害は少なかったのです。一番被害が大きかったのは大学と言論界です。とくに帝国大学では、戦前からいた立派な先生たち、なかでも歴史学や政治学などの先生が軒並み公職追放になりました。そして、そのあとを埋めたのは山本夏彦さんの言葉によれば「引かれ者」だった人です。つまり、戦前にコミンテルン関係で投獄されるとか取締りの対象になった人たち、要するに左翼です。そういう人たちが帝国大学の総長をはじめ、重要な教授のポストを得て復帰してきたのです。
すると、こういう現象が起きてきました。官立大学は講座の数が決まっていますから、教授の数も決まっています。すると弟子が自分の先生の後釜として教授になるためには、先生と意見を同じくしなければなりません。そうでなければ、まず後を継ぐことはできません。だから、左翼の学者の弟子は皆、左翼になっていったのです。

また、戦後になって雨後の筍のようにできてきた新しい私立大学にも官立大学出身者が教授となっていきましたから、あっという間に日本の大学は左翼化していったのです。これは学校だけではなく、言論界も同じ状況でした。この人たちが先に述べたサンフランシスコ講和条約に反対するＤＮＡを持った人たち、私の言葉でいうと「敗戦利得者」です。こうした人たちが戦後の日本を動かしていたのです。

◉日本の歴史を奪うための先兵となった左翼知識人

敗戦利得者のグループの中の一番大きな勢力は左翼の知識人で、皇室廃止を指令したコミンテルンの三十二年テーゼに直接・間接に関係して戦前に投獄されるとか、あるいは取締りの対象になったような人たちです。この人たちは戦後、歴史を奪うという立場の占領軍のもとで凱《がい》旋《せん》将軍のように大学に戻ってきて大きな力を振るいました。この人たちの意見に反対すると先生になれないため、大学はあっという間に左翼の教師たちの支配する場所になりました。

本来であれば日本が独立を回復すると同時に、これらの敗戦利得者たちは一掃されるべきでした。ところが、なんといっても野党第一党が独立に反対していたわけですから、それができませんでした。その弊害は一番わかりやすい形で言論界、そして教育界に残りました。さらにはっきりいえば、教育界でも義務教育を担当する日教組などは、戦争直後に占領軍が掲げた「日本人から歴史を奪うことによってプライドを奪え」という基本方針を継続させるほうに向かったわけです。

こうして歴史教育の学会は左翼の牙城となりました。とくに共産党にとっては日本に皇室のあることがそもそも目障りで、前に述べたように戦前にはコミンテルンから皇室廃止の指示も受けていました。そのため、戦前の歴史教科書の冒頭に載っていた『日本書紀』や『古事記』などの内容は大陸の歴史的史料と整合性のあるもの以外は出さないという方針になりました。

その結果、戦後の教科書には戦前にはなかった卑弥呼《ひみこ》やら金印やらが歴史上の大事件のごとく取り上げられるようになりました。しかし、戦前の日本の学者がこれらを知らなかったわけではありません。知ってはいましたが、重視しなかったのです。なぜかというと卑弥呼や金印の根拠となっている『魏志倭人伝《ぎしわじんでん》』が全く信用できないものであることを百も承知だったからです。

『魏志倭人伝』は魏の国の成り立ちを讃えるための歴史を書いたものですから、魏の影響力を誇示するような話ならば噂話程度のことでも書いたのです。卑弥呼にしても、事実というより噂の噂に聞いていたような話を使ったと考えていいでしょう。また「漢委奴国王印《かんのわのなのこくおう》」と刻印された金印をもらったといいますが、それにしても日本の朝廷がもらったという証拠は何もありません。おそらく九州あたりにいた豪族がもらったものなのでしょう。

ご存じのように、シナの歴史は今でも捏造《ねつぞう》といっていいほどのでたらめさに満ちています。針小棒大というか、ありもしないことをでっちあげて強引に正当化しています。今ですらそうなのですから、いわんや千年も二千年も前のシナ人がまともな歴史を書くわけがないのです。

そういう不確かな大陸の歴史書の記述を採用する一方で、『古事記』や『日本書紀』という非常に充実した内容を持つ日本の歴史書が排除されてしまったのです。日本の歴史を学ぶときにこれらを除くというのは実に非日本的です。それは日本人の起源についての伝承を排除することを意味するからです。『古事記』も『日本書紀』も神話から始まっていますが、日本の歴史を語るときに神話を除くわけにはいかないのです。なぜならば、神話時代の王朝が現代にまで続いている、世界にも稀な国が日本という国であるからです。

戦後の歴史教科書から神話が排除されたことによって、おかしな言説も出回るようになりました。たとえば「騎馬民族説」です。これは朝鮮半島からやってきた騎馬民族が日本の天皇になったという説ですが、これは単に朝鮮人を喜ばせるためのものであったというしかありません。『古事記』を読んでも『日本書紀』を読んでも、日本の国の始まりは島国なのです。島国から始まっている歴史を持つ国が騎馬民族であるわけがありません。

さらにいえば、『古事記』にも『日本書紀』にも馬と関係がある天皇は出てきません。私の知る限り、馬が出てくる物語は須佐之男命《すさのおのみこと》が天《あめ》の斑駒《ふちこま》の皮をはいで天照大神《あまてらすおおみかみ》の機織り場に投げ込んだので、機織りの女がびっくりして死んでしまったという話だけです。馬に関する伝承が全くないような国で、騎馬民族説はありえない話です。

また山上憶良《やまのうえのおくら》が渡来人であったらしいという説を唱える著名な万葉学者もいました。しかし、山上憶良は「そらみつ 大和の国は 皇神《すめろぎ》の 厳《いつく》しき国 言霊《ことだま》の 幸《さき》はふ国」といっているのみならず、三韓征伐をやった神功《じんぐう》皇后を讃える歌をつくっているのです。果たしてそんな渡来人がいるだろうかと常識的に考えれば答えは明らかではないでしょうか。

これらの説が出たのはいずれも一九七〇年代前後の全面講和派のインテリが猛威を振るい、韓国・朝鮮のご機嫌取りをしていたような時代です。いったい誰のための歴史なのかと疑いたくなるようなことが大手を振ってまかり通っていたのです。

◉ＧＨＱが天皇の存続を許した理由はどこにあったのか

昭和二十年以前、日本の歴史上、外国から征服されたことは一度もありませんでした。それだけに占領というのは日本人にとって非常に大きなショックだったと思います。しかも、ポツダム宣言においては「天皇および日本政府は、連合国軍司令官に〝ＳＵＢＪＥＣＴ　ＴＯ〟する」ことが求められました。〝ＳＵＢＪＥＣＴ　ＴＯ〟とは「支配下にある」という意味です。要するに、天皇がマッカーサーの下に置かれたのです。これはかつてないことでした。

しかし、あれから七十年たってみますと、あれは小さな傷にすぎなかったのではないかという見方もありうると思うようになりました。何しろ日本は二千七百年前後の歴史があるとされている国です。そこに七年間だけ外国が入ってきたと考えれば、その傷は時間がたてばたつほど小さく見えるようになります。何より一番良かったことは天皇陛下が退位されなかったことです。それを考えれば、占領時代とは万世一系の天皇家の長い歴史の中で、昭和という時代に起こった一大事件という見方をしてもいいと思うのです。

外国による占領とは違いますが、天皇家が逆風にさらされたことはそれ以前にもあるのです。鎌倉時代の承久三（一二二一）年に起こった承久の変のときには、北条氏が天皇の任命権を握りました。承久の変では後鳥羽上皇をはじめ三人の天皇が島流しに遭いました。当時、皇室では世の中の終わりが来たように感じられたに違いありません。しかし、今から見れば、承久の変を知っているのは歴史家ぐらいなもので、たいした傷にはなっていません。しかも承久の変では天皇が島流しになっていますが、今回の戦争では敗戦したとはいえ天皇は皇居から移られることもなく、また天皇が代わることもありませんでした。

天皇は形の上では日本の元首でしたから、そこが代わらなかったのは幸いでした。GHQが天皇を退位させなかった理由はいろいろありますが、その大きな理由は「天皇に手を付けたら内乱が起きる恐れがあった」ということだったようです。そして恐らくその予想は当たっていたのではないかと思うのです。それほどまでに天皇家というのは日本の国民と切っても切れない関係を築いておられるのです。

◉神話が現代まで続いている世界唯一の国

歴史を正しく見るためには、歴史的事実だけを積み重ねても意味はありません。かつて歴史的事実と歴史との関係を考えていたときに、オーエン・バーフィールドという人の本を読みました。この人はどちらかといえば宗教的な人ですが、歴史と歴史的事実の関係をおよそ次のように書いています。すなわち、歴史的事実というのは雨あがりの空に漂う無数の水玉のようなものである。しかし、ある一定の方向と一定の距離から眺めると、水玉が虹となって見える。この同じ虹を見ている人は同じ歴史認識を持ち、その虹がその人たちの国史になる、というのです。

歴史的事実は無数にあります。そうした無数の歴史的事実を一定の距離と方向から見たときに見えてくる虹がその国の歴史（国史）なのだというのです。ですから、歴史教育とは、虹を見せるものでなくてはなりませんし、本当の歴史を理解するためには虹の面から見なければなりません。

このような見方で日本の歴史を見たときにわかるのは、日本の歴史は神話の時代から王朝が同じである世界唯一の国だということです。中国の歴史は四千年といいますが、同一民族の王朝が続いてきたわけではありません。孔子が出る前後に周の高い文明がありましたが、研究家によれば周の文明をつくった民族は三国志の時代の終わり頃までにはほとんど消えているそうです。その後、五胡十六国という乱世の時代を経て隋が統一するのですが、隋の民族は孔子の時代に鮮卑と呼ばれた異民族でした。つまり、この時点ですでに周の時代とは切れてしまっているのです。その後も蒙古族の元や満洲族の清が興ったように、民族が入り乱れて次々に王朝をつくってきたのが中国の歴史なのです。

ところが日本は本当に神話の時代から現代までが一本の線でつながっています。そのわかりやすい例として、高円宮《たかまどのみや》典子さんと千家《せんげ》国麿《くにまろ》さんが結婚されたことを考えてみればいいと思います。

神話をたどれば、現在の皇室は天照大神の長男の正勝吾勝勝速日天之忍穂耳命《まさかつあかつかちはやひあめのおしほみみのみこと》のご子孫で、これが高円宮家に繋がっています。また、天照大神の次男の天穂日命《あめのほひのみこと》は出雲に行って大国主神《おおくにぬしのかみ》の家来のようになります。そして、その子孫は出雲国造《いずものくにのみやつこ》になり、その子孫が今の千家に続いています。今回、この両家の間のご結婚が調ったわけです。

日本の神話時代が終わるのは神武天皇のときで、それを二千六百年前としますと、神話が始まったのはそれより数百年前と考えていいと思います。すると、皇室も千家もざっと三千年前から系図が続いているわけです。このように神話に書かれた話が現在にまで続いているような国が他にあるでしょうか。日本の歴史を学ぶときに神話を無視することはできないというのは、こういう理由からです。その神話を信じた人たちが日本という国をつくってきたのです。

もうひとつ神話が今に続いているという話をしましょう。前述しましたが、須佐之男命という方がいます。神話では天照大神の弟ということになっています。この方が出雲に行って八岐《やまたの》大蛇《おろち》を退治したところ、尻尾から素晴らしい剣が出てきました。須佐之男命はその剣を姉である天照大神に献上します。これが三種の神器の一つ、天叢雲剣《あめのむらくものつるぎ》になりました。

時代が下って景行天皇の息子の日本武尊《やまとたけるのみこと》が東征に向かうとき、倭姫命《やまとひめ》から日本武尊にこの天叢雲剣が手渡されます。日本武尊が今の静岡県のあたりまで行ったとき、敵が草むらに放った火に囲まれて焼き殺されそうになります。そのときに天叢雲剣を抜いて草を払って窮地を脱し、逆に火を敵に向けて滅ぼしたといわれます。ここから天叢雲剣は別名、「草薙《くさなぎ》の剣」と称されるようになりました。

日本武尊はそれからさらに東に進み、三浦半島から房総半島に渡ります。その途中で突風に遭い、船が沈没しそうになりました。そのときに、一緒にいた妃の弟橘媛《おとたちばなひめ》が「私が皇子の身代わりとなって海に入って海神の怒りを鎮めましょう」といって身を投げました。するとすぐに嵐が鎮まったというのです。これは気象学的にも根拠があるそうです。あのあたりの海は突如ものすごく強い風が吹いていて、短期間で治まるような場所であるということです。

さて、そのときに弟橘媛のつくった歌が残っています。

「さねさし　相模《さがむ》の小野に　燃ゆる火の　火中《ほなか》に立ちて　問ひし君はも」

「静岡で焼き殺されそうになったとき、あなたは草を切り払いながら私を振り返って『大丈夫か？　大丈夫か？』とお尋ねになりましたね。（そのあなたのために私は死にます）」という女性愛の極みみたいな歌です。この焼き討ちにあった場所は焼津という地名として残っています。日本武尊は弟橘媛の助けを受けて無事に房総半島に渡り、そのあたりを平定して帰路につきます。そのときに碓氷峠あたりまで行ったときに房総半島の方角、つまり東のほうを見て「吾妻はや」といいました。これは「ああ、あのときに身を投げてくれたわが妻はもういないのだな」という嘆きの言葉です。この「吾妻はや」という言葉を東のほうを向いていったというので、東のことを「あづま」と読むようになったというのです。そういわれてみると、東は「あづま」と「ひがし」の二つの訓読みができますが、西とか南とか北は読み方が一つしかありません。

日本武尊が出てくるのはずいぶん時代が下がってからですが、そのときでも須佐之男命が出雲で八岐大蛇を退治したときに手に入れた剣が出てくるのです。そして、その剣を使って敵を退治した場所が焼津という地名になって残っています。また、その神話に出てくる剣は、草薙の剣として今も三種の神器という国の一番重要な宝として残っています。

おとぎ話に出てくる剣が皇室の一番大切な宝となっている。こんな国は他にありません。たとえていえば、イギリス最古の叙事詩に出てくる勇者ベオウルフが巨人やドラゴンを倒した剣が今のイギリス王朝の宝になっているようなものなのです。

この凄さがわからないと日本史の素晴らしさは理解できませんし、この継続性に気づかなければ日本という国は絶対にわかりません。明治時代には、東大の国史の講義も神話を除きませんでした。「神話をそのまま信じなさい」ということではなく、神話を考慮しないと歴史がわからなくなるからです。

◉日本の虹を見るとは「皇室がいかに見えるか」ということである

さらにいえば、日本の歴史において神話の時代がいかに重要であるかがわからなければ、藤原氏というものの立場が外国人に説明できないと思います。

藤原道長は「この世をば我が世とぞ思う　望月の　欠けたることをなしと思えば」という歌をつくったほど権勢を誇りました。外国であれば、「そんなに力があるのなら自分が天皇になればよかったではないか」と考えるところです。しかし、道長には天皇になる気はさらさらありませんでした。せいぜいやったことは、自分の娘を天皇に嫁がせて、その娘から生まれた子が天皇になる、自分は天皇の祖父になるというのが最高に望んだことであって、それ以上の望みは全くありませんでした。

これはなぜかということを、神話時代を無視した戦後の歴史家には誰も説明できないはずです。なぜ、道長は天皇になろうとしなかったのか。それは神世において、天照大神が天岩戸の中にお隠れになったときに、天岩戸から出てもらうために前で榊に鏡をかけたりして祝詞《のりと》をあげたのが藤原氏の先祖だからです。そして天孫降臨のときも一緒に下りてきました。神代の時代にすでに身分が決まっていたのです。平安時代の貴族はそれをみんな知っていました。もちろん天皇も知っています。もしもそこからはみ出そうとしたら、いくら権勢を誇った藤原家であっても潰された可能性があります。だから藤原氏は、自らは絶対に天皇にならず、后を提供することを最高の望みとしたのです。この流れは大正天皇まで続きました。

源頼朝も同じです。武力を持って沖縄あたりから東北の外れまで征服した人は頼朝以前に日本にはいません。それでも、ほとんど無関心というくらい朝廷には口を出しませんでした。朝廷のはからいで右大臣になりましたが、それ以上は偉くなろうとも思いませんでした。これも先祖をたどれば清和源氏、つまり清和天皇から出ているからです。自分は分家の子孫であるという認識があったために、決して本家をおかさないのです。

戦国時代になると皇室が非常に衰微して、本当に貧しかったといわれています。しかし、武将たちは自分がなるべく早く京都に上って天皇を担いで日本を統一したいと思っていました。皇室は貧しかったけれども、決して軽蔑されてはいなかったのです。

日本の国史を知るためには、日本の虹を見なければなりません。その虹を見るとは「皇室がいかに見えるか」ということなのです。皇室が見えない歴史はすべて水玉です。歴史的事実の集め方次第でいろいろな歴史は書けますが、皇室が見えない歴史は日本の国史にはなりません。水玉を研究するのは意味がないというのではありません。水玉は水玉で面白い。しかし、それが水玉であることを知っておく必要があります。水玉を集めたものが歴史になるわけではないのです。

虹とは不思議なもので、「虹がない」という人は誰もいません。ところが、虹を研究しようと思って近づけば、虹は消えてしまいます。一定の距離と方向を持って見なくてはきれいな虹は見えないのです。ゆがめられた歴史教育の中には虹は見えません。戦前の国史はその点は非常に良かったのです。非常に簡単でしたが、日本人としての日本の歴史の虹を見せてくれました。日本の歴史に対して皆が簡単ではあるけれども明瞭なる意識を持つことができました。

戦後、その虹を見せまいと努力したのが占領政策であり、その占領政策を意識的に維持しようとしたのが日本の左翼勢力であり、教育現場で実践したのが日教組であると断定していいのではないでしょうか。

◉敗戦は日本の五度目の国体の変化ととらえることができる

では皇室の立場から見ると、あの敗戦はなんであったのか、あるいは天皇を国民の象徴とした新憲法はなんであったのか。一言でいえば、それは日本の歴史上に何度か起こった「国体」の変化と考えていいと思います。国体のことを英語で〝constitution〟といいます。ここは元来、「体質」の意味です。そして〝constitution〟には「国の体質」という意味も生じて、国の根本をなすものをいうのです。つまり「国体」なのです。

我が国の「国体」が最初に変わったのは、仏教を公認した用明天皇（聖徳太子のお父さん）の時代であると私は考えます。仏教を公認といっても神道を廃止したわけではなく、神道とども仏教も認めることにしたのですが、天皇が仏教を入れたというのは非常に大きな意味を持ちます。

続いて第二次の国体の変化は、源頼朝が鎌倉幕府を興したときだったと思います。頼朝は軍事的に日本全土を制圧し、御家人たちを各地の実質上の支配者にしました。それ以前の武士は、平家を見ればわかるように公家になることを望み、実際そうなっています。つまり、朝廷の意に従うという形だったのです。

ところが頼朝は朝廷を「敬して遠ざける」という形をとりました。そして朝廷の意思とは関係なく、支配のために自分の御家人を日本中に配置したのです。九州の端の島津家も頼朝の御家人から始まっていますし、中国の毛利家も同様です。

頼朝自身は天皇にはなりませんでしたが、実質的な統治者の任命権を武家が握ったというのは大きな変化です。それゆえ、これを第二次の国体の変化と呼びたいと思うのです。

それから第三次の国体の変化は極めて短期間の間に起こりました。それは先にも挙げましたが、北条泰時のときの「承久の変」です。承久の変では後鳥羽上皇が兵を挙げて鎌倉幕府と戦争をしました。その戦いに勝った泰時は、上皇についた武士をすべて処刑・流罪等によって処分しました。また、朝廷については後鳥羽上皇を隠岐島《おきのしま》へ、順徳上皇を佐渡島へ、土御門《つちみかど》上皇を土佐へと島流しにしました。幕府に反旗を翻した人たちをすべて朝廷から追い出して、次の天皇を決めるときに幕府の意向に反しない人を選ぶようなシステムをつくりあげたのです。

頼朝は軍事的に支配しましたが、朝廷がやることには口を出しませんでした。しかし泰時は、北条家が天皇を指名するような形に変えたわけです。それ以後はずっと武家政治が続きます。法律は形の上では大宝律令のままでしたから、太政大臣とか従一位とか正一位というような位は継承されていましたが、政治的に見ると、武家が朝廷の上に立っていたのです。

ようやく武家の支配が終わったのが明治維新です。維新政府は太政官を廃止して、近代的な政府をつくり、新しい憲法を制定しました。これが第四次の国体の変化です。

そして私は、昭和二十年の敗戦が第五次の国体の変化だと考えています。あえて「変化」といっているのは「断絶」したわけではないということです。〝constitution〟に「体質」という意味があるといいましたが、体質はしょっちゅう変わるものですし、変わっていいものです。

変わるというのは、断絶することとは違います。

そう考えれば、アメリカがつくった憲法に従うというあり方は異常な状態ではありますが、国体の変化と考えれば我慢はできます。明治憲法で日本ががらりと変わったのと同様に、占領軍が一週間でつくった新憲法によって日本は大きく変わりました。しかし、日本の根本となる天皇家という本質的なところはそれほど変わらなかったともいえます。一番変わったのは「皇族が減った」ことと「貴族がいなくなった」ことでしょう。これは非常に大きな変化でした。

戦後になって男女同権になったとか労働組合が組織できるようになったといいますが、それらは戦前にもう議題に上っていて実施目前の状態にありました。戦前の日本は非常に進んでいて、選挙制度も普通選挙になっていました。それまでは税金をたくさん納めなければ参政権はなかったわけですが、その納税額がだんだん下がって、ついに男性ならば誰でも参政権を持つことになりました（選挙権は満二十五歳以上の男性、被選挙権は満三十歳以上の男性）。これは世界的に見ても決して遅れてはいません。女性の参政権にしても、イギリスでできたのは第一次世界大戦のあとでしたから、日本で大戦後に女性参政権が実現したというのは少しもおかしくありません。戦後に女性の参政権が認められたというのは本質的な変化ではなくて、時間があればどのみち実現していたことだと思います。「徴兵」という制度が男子だけだったことと関係があったのです。ですからスイスでは日本より遅く女性に参政権が与えられました。

これに比べると、皇室の数を減らすとか華族をなくすというのは革命的なことです。これは敗戦というような事態がなければなかなか実現は難しかったと思います。日本が新しい体質になったということですから、これは国体の変化といっていい出来事でした。

また、一時的にしろ軍人がいなくなったというのも戦後の大きな変化に数えられます。さらに、小学校の教科書を民間のものにしたことも大きな変化です。戦前は中学からは自由に民間会社の教科書を使えましたが、小学校は国定教科書でした。これは、義務教育では国民全員が覚えるべき基礎的な知識を教えるという目的があったからです。今から考えてみても、このやり方は決して悪くないと思います。戦前・戦中の小学校は国民に基礎的な常識を一致させるという意味での最小限の知識を教える場でしたから、国家が主導するほうが効率的だったのです。

たとえば唱歌の教科書が同じでしたから、小学校唱歌は誰もが歌えました。スパイを捕まえたときに、小学校唱歌を歌わせれば日本人かどうかがわかるといわれたぐらいです。歴史も小学校の歴史ですから簡単なものでしたが、皆が同じことを覚えていました。中学校以降は教科書の会社も違いますし表現のニュアンスも相当違いましたから、全く同じとはいえませんでしたし、高等学校になれば野放しという状態だったのです。

このように、日本の歴史を遡ってみると、五度にわたって国体の変化があったと私は考えています。今、憲法改正問題が起こっていますが、これによって憲法が新たなものに変わるとすれば第六次の国体の変化ということになるでしょう。

皇室をなくしてしまうというようなことになれば、これは国体の変化ではなくて、国体の断絶になります。それを考えたときに絶対に守らなければならないのは男系天皇です。なぜ男系天皇が重要かというと、国体が変化しても断絶しないのは男系だからなのです。女系でもいいということにしたら簡単に断絶してしまいます。

今までも女性の天皇はいました。しかし、それは妊娠の可能性がなくなった未亡人天皇か、それとも初めから結婚はしない「女性天皇」でした。ところが「女系天皇」というのは、結婚して妊娠能力のある天皇という意味です。そうすると配偶者が誰になるかというのが大問題になります。皇室の方と結婚すればいいのですが、もしも相手が外国人だとしたらどうでしょう。あるいは、相手は日本人でも、たとえば前田さんという人と結婚すれば日本の皇室は前田家になってしまいますし、徳川さんと結婚すれば徳川家になってしまいます。朝鮮人と結婚すれば日本は朝鮮王朝になります。

だから国体を断絶させるのでないならば、天皇は絶対に男系でなければならないのです。それであれば、何があれ国体の変化にとどまるわけです。この「国体変化論」は、私の基本的な日本史観です。

◉戦後の日本を大きく変え、多くの禍根を残した家制度の破壊

戦後、天皇家はかろうじて守られたのですが、日本の家制度は大きく変わってしまいました。家制度というのは誰がつくったかわからないような制度ですが、昔から日本では家というものを大切にしてきました。いわゆる家父長制で、長男が代々家を継ぐという形で家を守ってきました。

ところが、戦後、突如として家制度を廃止することになりました。憲法という名の占領政策基本法で、結婚は家を次世代に繋いでいくためのものではなく、夫婦二人だけの問題になりました。

昔の法律では、結婚の大きな目的は家系を絶やさないところにあったように思います。ですから子供ができないときは養子をとって家を守り続けたわけですが、戦後はそれがなくなって夫婦二人を中心にすることになったのです。そのように変わったと知ったときは驚きました。

家の重荷から逃れてほっとした人もいたと思いますが、田舎では家がなくなると困るという意識のほうが強かったのです。そもそも嫁に行った人は実家の財産の相続権を放棄していました。そうしないと、どんな大きな農家でもつぶれてしまうからです。ですから、戦後も初めのうちは、実家が悪くなるのは困るというのでお嫁に行くときに財産を放棄していましたが、そ

れは長く続きませんでした。そのうち財産分与を要求するようになって、家はばらばらに解体されることになりました。

家がばらばらになるとどうなるかというと、老人の面倒をすべて国が見なければならなくなるのです。これは大変です。家制度を廃止しないでも、今のような現代的生活が送れるように緩やかに変わっていったと思うのですが、急に変えてしまったために問題が大きくなったように思います。一番かわいそうなのは、自分は姑に仕えたけれども、嫁には仕えてもらえないという人たちです。

家制度を廃止したさらに重要な問題は本家と分家の意識がなくなったことです。昔は「本家」と「分家」の意識が非常に強くありました。たとえば私の家は田舎では本家です。しかし、何代か前から貧乏になって、分家のほうがずっと金持ちになりました。それでも冠婚葬祭のときは本家が上座につくのです。

本家と分家の意識というのは、発想として日本の皇室問題にもかかわってきます。戦前に「皇室とは何か」と問われたときに返ってくる答えの大半は「日本人の総本家である」というものでした。総本家が貧しくなることもありました。戦国時代などは武士が大名になって金持ちになりますが、本家の天皇家は貧乏でした。それでも、どの大名も朝廷を尊敬していました。その理由は、武士の棟梁である源氏の祖先が清和天皇に繋がるという明確な意識があったからです。

桶狭間《おけはざま》の戦いで織田信長に敗れた今川義元は、総本家である天皇を担いで自らが日本を統治しようと考えました。信長もそうですし、それを徹底的にやったのは豊臣秀吉でしょう。徳川家康は朝廷を祭り上げて遠ざけましたが、それは非常に尊敬していたからです。

当時の皇室の石高はせいぜい三万石から四万石ぐらいのものです。それでも朝廷から勅使が来ると、八百万石と称している徳川将軍がぴりぴりしてお迎えするのです。将軍がぴりぴりするのですから、その下はもっとぴりぴりしていて、そこから赤穂《あこう》浪士の発端となる松の廊下における刃傷沙汰《にんじょうざた》のような事件が起こるわけです。赤穂浪士の討ち入りは、京都からの勅使の接待役を命じられた浅野内匠頭《あさのたくみのかみ》が吉良上野介《きらこうずけのすけ》の嫌がらせを受け、結果として不手際を働いてしまったことがそもそもの始まりでした。その意味では朝廷がらみの事件なのです。

なぜそんなに徳川氏が朝廷を尊敬していたかというと、徳川氏は新田氏を出自とし、新田氏は源氏の出ですから、遡れば皇室にたどり着くのです。そういうわけで、皇室というのは本家中の本家、日本人の総本家であるという非常に簡単なわかりやすい意識がありました。

渡部家は山形県の田舎の貧乏家ですから皇室とは何も関係ないのですが、意識的には繋がりを感じるところがありました。というのは渡部家の家紋が源頼光《よりみつ》の四人の家来の一人、渡辺綱《わたなべのつな》の家紋と同じだからです。源頼光の四天王のうち渡辺綱だけ家紋があります。それは渡辺一族の誰かが源氏の人と結婚したからでしょう。そして源氏をたどれば必ず皇室に繋がるわけですから、実際にその道筋をたどることは不可能だとしても、意識的には皇室の末裔だというふうに思えるのです。

このように皇室とどこかで繋がっているという意識を持てるというのが日本人には一番喜ばしいことでした。そういう意識が本家・分家の思想が薄れるにしたがって消えてきているように思います。

昔は「皇室というのは日本人の総本家だよ」といえば誰もが納得しました。理屈は必要ありませんでした。ところが、今はそういわれてもピンとこない。このままでは今後、皇室の存続に対して説明が必要になるような気がします。それは結果として、皇室の存続にかかわる問題になってくるのではないかと思います。これは戦後一番変わった重要な点ではないでしょうか。

皇室以外は、日本は昔から変わり続けているのです。古代、中世、近世、近代とそれぞれ変わっています。もちろん平安時代と武家時代の皇室のあり方、それから戦国時代の皇室のあり方と明治以降の皇室のあり方は違います。しかし、皇室という形では間違いなく繋がっています。

今後はこの総本家という意識をいかに保つかを、家制度とあわせて考えるべきではないでしょうか。それは皇室の存続のみならず、日本の存続にもかかわる重要な問題です。今、世界的に家は崩壊しつつありますが、それは社会の崩壊に繋がる可能性があります。家ほど自然発生的なオーガナイゼーションはありません。他は皆、法律をつくらなければ関係が結べないと思うのです。

この家の破壊を最初にやったのがソ連でした。ソ連は実際上、一時は結婚制度まで廃止しました。果たして日本人はソ連のありようを羨ましく思うでしょうか。ソ連自体が崩壊してしまったことが、彼らの壮大なる実験が大失敗に終わったことを象徴しています。逆にイギリスはまだ貴族制が残っていますし、家の意識もしっかりしています。そのことが国の安定性と関係しているように思います。

この家のあり方が今後どうなるかはわかりません。私は、社会保障制度がぎりぎりのところまでいったあたりで変化が起きるのではないかと予測しています。今から二十年ほど前ですが、作家の邱永漢《きゅうえいかん》さんと対談をしました。そのときに邱さんは「社会保障なんて、そんなものは続くわけがないよ。だから私は親孝行な子供を育てています」といっていました。これはシナ人の発想です。シナの歴史を見れば政府は信用することができない。だから一族の団結が非常に固いのです。その知恵だと思います。

親孝行な子供を育てるのもなかなか難しいと思いますが、人間が人工的に作り上げた組織や制度がどれだけ続くものかという疑問は私も持っています。実際に、すでにぼろが出始めているのではないでしょうか。

独身で才能を輝かせた女性でも、子供がいないとなれば老人ホームに入らないでしょう。子供がいないとなれば、極端な話、施設でいじめられる可能性もあります。子供がちゃんとしていれば、子供の目が光っていますからいじめられることはないのですが、いじめても文句をいう人がいなければ、いじめの対象になる可能性があるわけです。

山上憶良は、

「銀《しろがね》も金《くがね》も玉も何せむに　勝れる宝　子にしかめやも」


「金銀財宝が何になるだろう。子供にまさる宝があろうか、ありはしない」と歌に詠みましたが、私も八十五歳になってみますと、何が一番心から嬉しいかというと、子供や孫たちとがやがやして祝い事をすることで、これは理屈抜きに楽しい時間です。霊魂不滅といわれても強い信念がなければ信じることはできませんが、DNAならば簡単に信じられます。孫がいれば「ああ!　自分のDNAだ!」と確かに思えます。

こうした人間の生き方も含めて、これから家の問題が大きな議論の的になるのではないかと考えています。

第四章

主権回復後の日本——冷戦と安保条約

上智大学の学生時代、寄宿していた大学寮の前で（1951年頃）

◉日本が受諾したのは東京裁判そのものではなく、その諸判決である

先に述べましたが、日本は昭和二十六（一九五一）年九月八日にサンフランシスコ講和条約に署名しました。そして、この条約が発効した翌年四月二十八日をもって独立を回復しました。このサンフランシスコ条約は非常に日本に友好的な条約で、日本を責めるような文言は一切ありませんでした。

ただ、一点だけ問題になったのが十一条で、これについてとくにイギリスが異議を唱えました。

サンフランシスコ講和条約第十一条

Japan accepts the judgments of the International Military Tribunal for the Far East and of other Allied War Crimes Courts both within and outside Japan, and will carry out the sentences imposed thereby upon Japanese nationals imprisoned in Japan.
The power to grant clemency, to reduce sentences and to parole with respect to such prisoners may not be exercised except on the decision of the Government or Governments

which imposed the sentence in each instance, and on recommendation of Japan.
In the case of persons sentenced by the International Military Tribunal for the Far East, such power may not be exercised except on the decision of a majority of the Governments represented on the Tribunal, and on the recommendation of Japan.

日本国は、極東国際軍事裁判所並びに日本国内及び国外の他の連合国戦争犯罪法廷の裁判を受諾し、且つ、日本国で拘禁されている日本国民にこれらの法廷が課した刑を執行するものとする。

これらの拘禁されている者を赦免し、減刑し、及び仮出獄させる権限は、各事件について刑を課した一又は二以上の政府の決定及び日本国の勧告に基く場合の外、行使することができない。極東国際軍事裁判所が刑を宣告した者については、この権限は、裁判所に代表者を出した政府の過半数の決定及び日本国の勧告に基く場合の外、行使することができない。（日本外交主要文書・年表（1））

なぜイギリスがこれに反対したかというと、ナチスの残党が南米に逃げていたからです。十一条では、極東国際軍事裁判所（東京裁判）及び国内外の連合国戦争犯罪法廷で有罪になって拘禁されている者は関係国の承認を得ないうちは赦免、減刑、仮出獄はできないことになっています。逆にいえば、話がつけばいいということです。そうすると海外に逃亡しているナチスの残党も赦免される可能性があるのではないかと、イギリスは十一条を解釈したわけです。

また、十一条には「日本国は、極東国際軍事裁判所並びに日本国内及び国外の他の連合国戦争犯罪法廷の judgments を受諾し」て、とあります。日本国は東京裁判その他の軍事裁判の judgments を受諾して「これらの法廷が課した刑を執行する」とあります。当時の外務省はこの judgments を「裁判」と訳しています。しかしこれは大誤訳で正しくは「諸判決」と訳さなくてはいけなかったのです。

「裁判」と「諸判決」ではどう違うのでしょうか。ソクラテスの話で説明してみましょう。

ソクラテスはギリシャのアテネの裁判で青年を堕落させた罪で死刑判決を受けました。弟子たちはソクラテスを救おうとするのですが、ソクラテスはこういうのです。

「裁判は承諾してはいない。しかし判決は下りた。判決を無視したら法治国家が成り立つか」

——これは「ソクラテスの弁明」としてよく知られる話です。

もう一例を挙げるならば、戸塚ヨットスクールの校長、戸塚宏さんの話です。戸塚さんのヨットスクールで亡くなった少年がいました。状況を聴く限り、それは業務上過失致死だと思われますが、その子の親は障害致死罪で裁判を起こしました。最高裁まで争った結果、親の訴えが通り、戸塚さんに懲役六年の有罪判決が下りました。

それからあとの戸塚さんの行動はソクラテスと同じでした。逃げることなく堂々と入所したのです。刑務所でも模範囚で、刑期短縮の話が何度も出たようですが、戸塚さんはそれに応じませんでした。なぜならば、刑期を短縮するというのは「あの判決は正しいものでした。私が悪うございました」と認めることだからです。

戸塚さんは最後まで「あれが業務上過失致死なら私は喜んでその罰を受けるけれども、傷害致死といわれては受けるわけにはいかない」といって、結局、満期で出所したのです。これは実に立派な話です。ソクラテス以来、裁判と判決の違いをこれだけ明瞭に示した例を私は知りません。

十一条を翻訳した外務省の担当者は、裁判と判決をあまり厳密に区別しないまま「裁判」と訳したのではないかと思うのです。Judgments と複数形になっているところからも明らかなように、日本が受諾したのは「裁判」ではなく「諸判決」なのです。これは非常に重要なところです。

考えてみればA級戦犯で死刑になった方も裁判官全員の賛成で死刑判決が下った人は一人もいません。僅かの差で死刑となっています。しかも裁判長が死刑を宣告した人は一人もいないのです。世が世なら無期になってもおかしくありませんでした。そうなれば全員が復帰していたはずです。また、死刑判決が下った七人も、東京裁判を受諾した人は一人もいません。死刑判決が出るのは相手が生殺与奪の権利を握っているのですからどうしようもありません。従わざるを得なかったのです。

一方、十一条後半にある「各事件について刑を課した一又は二以上の政府の決定及び日本国の勧告」及び「裁判所に代表者を出した政府の過半数の決定及び日本国の勧告」に基づいて、東京裁判で有罪となって戦犯とされた人は全員が赦免《しゃめん》、減刑されて無罪となりました。

それ以前に日本の国会では数度にわたって戦犯の赦免減刑などが議決されていて、国内に戦犯は存在しないということになっていました。そして国際的には、この十一条判決に従ったわけです。

その結果、東京裁判でA級戦犯となり終身禁固刑とされた賀屋興宣《かやおきのり》という東條内閣の大蔵大臣が第二次池田内閣の法務大臣として復帰しました。また同じく東京裁判のA級戦犯で禁固七年の有罪となった重光葵は鳩山内閣の外務大臣となりました。

重光さんは昭和三十一（一九五六）年十二月十八日、日本が国連に加盟するときに日本代表として国連総会で「日本は東西の架け橋になりうる」という名演説を行い、満場の拍手を得ました。そして「これで私の日本国に対する任務を終わった」といって帰国後すぐに亡くなられるのです。すると、その死を悼んで国連で全員が黙祷をしました。それほど尊敬を受けていたのです。

これらの例からわかるように、講和条約によって、A級戦犯は国内的にも国際的にもいなくなったのです。

◉アメリカ人の弁護人も首を傾げることばかりだった東京裁判

戦争中は戦時プロパガンダというものがあって、戦っている相手国を滅茶苦茶に貶《おとし》めるのが当たり前です。日本も「鬼畜米英」といっていましたし、向こうはもっとひどいことをいっていました。日本は戦争に負けてプロパガンダをなくしましたが、朝鮮戦争が始まるまでは連合国はずっと「日本憎し」という感情を持ち続けていました。

東京裁判のとき、日本の弁護をするためにアメリカから選任された弁護人がやってきました。それらのアメリカ人弁護士の大半は、選任されたときに断りを入れていました。おそらく戦時プロパガンダの影響で、「ろくでもない日本」を弁護するのは嫌だという気持ちがあったのでしょう。

ところが、あとでわかった話ですが、嫌々ながら指名されてやってきたアメリカの弁護人が戦争の経緯を調べていくうちに、日本は悪くなかったということに気づき始めるのです。すると彼らは突如として日本の弁護に燃えるのです。これは東京裁判で一番目覚ましい出来事のひとつでした。

たとえば広田弘毅の弁護を担当したデービット・スミス弁護人は、裁判所が証人訊問に関して「不当な干渉」を行っていると抗議をしています。これに対してウィリアム・ウェッブ裁判長は「不当な干渉」という言葉が「法廷侮辱を意味する」としてスミス弁護人に取り消し陳謝することを求めますが、スミス弁護人はこういう言葉はアメリカで普通に使われていることだから取り消す必要はないといって取り消し拒否するのです。その結果、スミス弁護人は法廷の審理から除外されてしまうのですが、それでも日本にとどまり、法廷の外で広田と弁護団のために尽力し、連日傍聴席に座って裁判の行方を見守るのです。

南京大虐殺についての弁護人の反対尋問でもアメリカ人弁護士が活躍しています。マギーという南京市街の安全地区にいたアメリカ人牧師が、日本軍の大虐殺を目撃したという証言をしました。これに対して反対尋問に立ったアメリカ人の弁護人がマギー牧師にこう聞きました。

「あなたご自身は何人が虐殺されているのを見られましたか？」

マギー牧師は「ひとりだ」と答えました。

「どういう状況で殺されていましたか？」

と聞くと、マギー牧師はこう答えるのです。

「安全地区に入り込もうとした中国人の青年がいた。それを日本人の歩哨が止まれといった。

止まらないで走ったので青年は撃たれた」

これがマギー牧師の目撃した虐殺なのです。これは虐殺とはいいません。

その後も尋問が続くのですが、その結果、マギー牧師の証言はほとんどすべてが伝聞に基づいたものであることが明らかになります。そういう証言をアメリカ人の弁護人が引き出していくのです。

日本に「人道に対する罪」が問われたときに、原爆の問題を持ち出して「原爆をつくらせた人間、原爆を運ばせた人間、原爆を落とさせた人間が誰なのか皆わかっている。それなのに日本を裁く権利があるか」という趣旨の発言をしたのもアメリカ人弁護人でした。

こうした様子を見ていたマッカーサーは、「まずいな」と思ったことでしょう。しかし、東京裁判は連合国がマッカーサーに一任したものです。一任されたマッカーサーは国際法によらずに、自分の手元でつくったマッカーサー条例で裁きました。だから東京裁判の結論自体がマッカーサーの結論そのものなのです。

そのマッカーサーは朝鮮戦争が始まると「やはり、あれはやるべきではなかった」「日本は正しかった」と悟り、ウェーク島でトルーマンと会ったときも、そういう趣旨の発言をしています。それが先に挙げた上院軍事外交合同委員会の聴聞会での発言になり、サンフランシスコ講和条約の早期締結に繋がっていくのです。

◉サンフランシスコ講和条約ではなく東京裁判に従った外務省への疑念

ところが外務省は、日本が独立を回復した講和条約の取り決めをいつの間にか忘れてしまったようです。中曽根内閣のときの議会で、外務省の小和田恒《おわだひさし》氏は「日本の外交は、東京裁判を背負っているハンディキャップ外交である」という旨の答弁をしました。また他の場所でも「日本は東京裁判を背負っているから一人前の外交ができない」というような驚くべき発言をしています。それがどのくらい日本の外交を卑屈にしたことでしょうか。

本来、それに気づいた人はすぐに反論するべきでしたが、法律家は誰も異議を唱えなかったばかりか、中曽根さんまでそれに乗ってしまい、中国からクレームがきたからと靖国神社の参拝をやめてしまいました。今もなおこじれている靖国問題というのは、まさにこのときから始まっているのです。

中曽根首相以前の多くの首相は靖国神社にも参拝しましたし、韓国や中国にも卑屈な態度を見せることはありませんでした。顕著に謝るようになったのは中曽根さん以降です。それは小和田さんの東京裁判に対する解釈を中曽根さんが信じたからでしょう。外務省の見解を総理大臣として受け入れたのです。

外務省の残した禍根は非常に大きいものがあります。主権が回復したといっても、その主権の解釈について、東京裁判という講和条約以前の戦時裁判を持ち出した外務省の感覚とはいったいなんなのかとあえて問いたいところです。

小和田さんは昭和七（一九三二）年の生まれですから、戦争に負けたときは中学一年生です。そして東大に入りましたから、東京裁判を容認した法学者の横田喜三郎に学んだはずです。秀才であった小和田さんは先生に逆らうことなく、東京裁判を容認したのでしょう。

私の大学時代、上智には戦前から教えておられた外国人神父さんがたくさんいらっしゃいました。とくにドイツ系の神父さんが多かったのですが、一人として戦前の日本を批判した人はいませんでした。むしろ「戦前の学生は立派だった」ということばかりいわれていました。

たとえば、戦前に「自分はこれから左翼運動に入ります。捕まりますと母校の名誉を汚すことになるかもしれません。したがって私を退学処分にしてください」と申し出た学生がいたという例を挙げて、「昔の学生は立派だった」といわれていたのを覚えています。また、東京大空襲について「あれは明らかに住民殺傷だった」といっておられました。麹町が焼けるときに、焼ける火の明かりでバイブルを見ながら霊魂のために祈ったという神父さんもおられました。

私が入った頃の上智の神父さんの多くは「日本は悪くなかった」という立場をとっておられ

ました。しかし、戦後はアメリカ人神父さんも来られましたから、配慮して自分の意見は公にされませんでした。それでも日本の悪口をいうとか日本を責めるようなことは決してしませんでした。それは強く印象に残っています。

とくにビター神父という方は、靖国神社をドッグレース場にするという進駐軍の計画に反対して靖国神社を守ってくださいました。この話を直接に聞いた人はもうほとんど生きていないと思います。ビター先生はイエズス会の会計もやっておられましたから、私はドイツ留学のときの渡航費もいただきました。非常に明るいお爺さんでした。

◉社会主義のダメさ加減を身にしみて知った留学時代

私はそういう大学にいましたから、左翼の影響は全くなかったといってもいいくらいです。当時の学生の間では『世界』や『改造』『中央公論』の巻頭論文を読むことが一つの知的ファッションとなっていましたが、私は社会主義的な思想に対して全く共感を抱きませんでした。私が左翼学者の議論を受け付けなかったのは、次のような体験をしていたからなのです。

戦争が終わって一、二年たった頃、東大経済学部の大内兵衛教授が二、三人の先生と一緒に「東大エクステンション（拡大講座）」と称して東北地方を講演して回りました。私の故郷の鶴岡市でも講演会が開かれることになりました。父が講演を聞きに行く予定でしたが都合が悪くなったため、当時中学五年生であった私が代わりに行くことになりました。

　そこで大内教授が話したおおよその趣旨は、鉄・石炭・石油といった重要な物資の扱いを民間の私企業に任せると大きな貧富の差が生じるから、これらは国家が管理して公平に配分すべきである、といったことだったと思います。私はそれを感心して聞いていました。というのも、うちの近所に小さな炭鉱があって、その炭鉱主が大儲けしているという話を聞いていたからです。小さな炭鉱でもそういう具合なのだから大きな炭鉱となれば途方もなく儲けているはずだ、それを国家がちゃんと管理して公平に配分するのはいいことだ、と私は思ったのです。

　講演会から帰った日の夕食時、父から「どんな話だった?」と聞かれた私は大内教授の話を語りました。すると父は「俺もそう思っていた」と調子よくうなずきました。ところが母は、こういったのです。

「それは配給しろということじゃないの。配給はダメなもの。あれは誰がなんといってもダメなもの」

　母は戦時中の統制経済がわが家から商売を奪ったことを忘れていなかったのです。母は常々、「勝手に商売をさせないような政府は、どんな立派なことをいってもダメ」と口にしていました。大内教授の主張する制度は、いわれてみれば確かに配給制度になってしまいます。

学問は何もなかった母が、日本を代表するマルクス主義経済学者の胡散臭さを一瞬で見抜いていたのです。

「なんだ、俺は配給制度の話を聴いて感心して帰ってきたのか……」と思ったとたん、大内教授を尊敬する気持ちは失せてしまいました。

こういうわけで、大学時代は全く反左翼で、もっぱら英語やドイツ語を中心に思想に関係のない勉強に打ち込みました。その結果、奨学金で留学させてもらうこともできたのです。

最初の留学先であるドイツでも、左翼には未来がないということを確信しました。当時、ドイツは東西に分かれていましたが、まだベルリンの壁ができる前だったため、東ベルリンに行くことができました。東ドイツに入ると戦争の爆撃の跡がそのまま残っていて、町は廃墟のようでした。

一方、西ドイツは栄えに栄えていて、物資が豊富に出回っていました。車もベンツやアウディなどが生産を始めていました。ところが東ドイツのほうはというと、トラバントという紙でつくったような小型車しかなかったのです。東西のドイツでこれほど極端な違いがあるのを見て、この差はどこから生まれたのだろうかと考えました。

当時、西ドイツの首相はアデナウアーで経済相はエアハルトでした。ちょうどテレビが出始めた頃で、私もドイツ人の家に行ってテレビを見せてもらいました。ちょうどアデナウアーが何回目かの大統領になって、就任演説をやっていました。その演説の中でアデナウアーは三つの基本的施策を発表しました。その三つとは「絶対に共産主義と妥協しない」「外交はアメリカと一緒にやる」「経済政策は自由主義でいく」ということでした。この三つの施策のもと、市場主義経済を導入した西ドイツは、日本と同じ敗戦国でありながら、社会全体に豊かさがあふれていました。

私がドイツに留学したのは敗戦からちょうど十年たったときです。東京はまだ廃墟だらけで学生寮はアメリカ軍払い下げの蒲鉾《かまぼこ》兵舎でした。夏は外よりも暑く、冬は外と同じぐらい寒かったのを覚えています。ところがドイツに来てみると、学生寮が新しく建ち、しかもセントラル・ヒーティングで、冬でも薄着で部屋の中で生活できるのです。この差には驚くしかありませんでした。さらに東ドイツを見れば、日本よりもひどい荒廃ぶりでしたから、「これは自由主義がいいに決まっている。社会主義や共産主義はダメだ」と確信しました。

私はドイツでの留学期間を終えたあと、日本に帰ることなくそのままイギリスに留学しました。イギリスも私のいたオックスフォードあたりはさすがに豊かな暮らしをしていましたが、社会全体を見ると、日本の窮乏生活とは比較にならないまでも、西ドイツに比べるとどうも貧乏臭いのです。戦勝国なのになぜだろうかと思ったら、戦後成立した労働党の社会主義政権の影響で配給制度の解除が遅れ、なおかつ保守党も社会主義的な制度を続けていたからだとわかりました。

こうした体験から「社会主義というのはいいものではないな」と実感しました。これならばアメリカや、ドイツのアデナウアーのような方針でやるほうが絶対にいいと思って帰国したのです。

◉「岸首相を励ます会」をつくって改定安保条約に賛成する

留学から帰ってきたあと、私は上智大学の教員になりました。その一年目から二年目にかけて、六〇年安保闘争が起こりました。「安保反対！　わっしょい、わっしょい！」と、連日、津波のようなデモが国会議事堂に押し寄せました。今でも覚えていますが、授業のとき教室で「議会が通したことに反対だと騒ぐのならば、これは暴力に訴えよということだから右翼に繋がるよ」といったのです。そうしたら学生が「右翼なんて口にした」というので激しく非難され、詰め寄られたことがあります。

しかし、本当に日本のことを考えるのなら、どう見ても日米安保条約は改定したほうがよかったのです。吉田茂がサンフランシスコ講和条約のときに結んだ安保条約は、要するに「アメリカ軍が占領のときと同じような権利を持っていて構わない」というものでした。しかし、岸信介さんは「それでは日本は独立国になっていないから、防衛については平等の立場に立ちましょう」という申し入れをしたのです。それにアメリカ大統領アイゼンハワーが応じて安保条約を改定し、一応対等の立場になったわけです。これは全く正しい判断であったと思います。

私が岸さんに好意を持ったのは、ドイツ留学中のことでした。当時、日本のニュースが全然入ってこなかったのですが、岸さんが総理大臣になったとたんにニュースがどんどん入るようになったのです。それで「ああ、岸さんというのは偉い人だな」と思って、そのあたりから好意を持つようになったのです。ところが日本に帰ってきたら「岸を倒せ！　岸を倒せ！」のシュプレヒコールですから、びっくりしました。

岸さんはアメリカとの関係を一応対等にしようとしているのに反対するのはおかしい。ところが左翼学生だけがデモ行進をしているわけではなく、有名な政治学者や経済学者までも交じって「安保反対」を叫んでいるのです。それを見て、この人たちは偉い人だというけれど、こんなわかりきったことも理解できないのかと憤りを感じ、軽蔑の念が生じました。

私は教師になりたてでしたが、上智の先生たちに「これはおかしいんじゃないですか」と話すと、先生に助手や大学院生も含めて十人ぐらいが賛同してくれました。そこで私が会長になって「岸首相を励ます会」というものをつくりました。ただし、十人ぐらいで安保賛成のデモをするわけにもいきませんので、岸首相を励ます手紙を書いたりしていました。

この一連の動きの中で私に心境の変化が生まれました。私は一介の英語の教師でしたから英語以外のことにはあまり口を出さないつもりでいたのですが、名の知れた政治や経済の先生たちがデモに参加しているのを見て、自分も社会や政治について発言してもいいのではないかという気持ちになったのです。

そのときに何かを書いたというわけではないのですが、あの安保闘争を見て、私は左翼系の大学教授や文化人を全く尊敬しなくなりました。機会があればいつでも出ていって論争をしてやるぞという気持ちになったのは、そのときに抱いた深い軽蔑の念がもとになっています。

そして今から考えると、安保反対論者はサンフランシスコ講和条約反対、日本独立反対のDNAを持った人たちだったということがよくわかります。DNAというものは、良くも悪くも簡単に消えてなくなるものではないのです。

その後、岸さんは暴漢に刺されて総理を辞任しました。岸内閣の次にできたのが池田勇人《はやと》内閣でした。池田総理はデモを恐れたのかどうか知りませんが、政治的な発言はあまりせず、「所得倍増」というスローガンを掲げて経済成長を目指しました。一方、安保反対運動は、改定安保条約が成立すると、つきものが落ちたように収束していきました。

第五章

高度経済成長と東京オリンピック

写真左：ドイツ留学時代、ケルンの聖堂の前で（1956 年頃）
写真右：イギリス留学時代、オックスフォード大学の宿舎にて（1958 年）

◉「所得倍増」のスローガンで国民の目を政治から経済へ向けた池田内閣

六〇年安保が終わり、社会がようやく落ち着きを取り戻した頃、私は結婚をして数年がたっていました。家内はピアノを教えていたので、お手伝いさんを雇いました。当時はまだ住み込みのお手伝いさんがいる時代で、確か最初の人は北海道の女性であったように記憶しています。給料は月六百円程度だったと思いますが、家内の母親からは高すぎるといわれました。当時はまだ「行儀見習い」という言葉が通用していたくらいで、田舎から出てきて住み込みで働く若い女性は、食事だけ与えればあとは小遣いを渡す程度でいいという感覚だったのです。池田総理の頃は、まだお手伝いさんに対して給料を出すという観念がなかったように思います。

日本の経済成長が進み景気が良くなるにつれて、住み込みのお手伝いさんのなり手は少なくなってきました。私の家に最後にお手伝いさんがいたのは三番目の子供が小学校に入る頃でした。その後は給料もどんどん上がっていきましたから、住み込みのお手伝いさんを見つけるのが難しくなりました。そして全くいなくなりました。

池田内閣の大きな功績はなんといっても日本を経済成長させたことです。その前提として六〇年安保によって生じた政治的な対立点をぼかして、「所得倍増」という国民受けするスローガンを掲げたのです。それはまんまとはまり、国民の目は政治から経済へと向き、日本は本格的な高度経済成長時代に入っていくのです。

実際、高度経済成長は私たちも信じがたいほどの誇りを日本人に与えました。日本が戦争を始めた頃、英米の一人あたりの収入は日本人の七倍とか八倍といわれていました。ドイツとかフランスも四、五倍だったと思います。ところが日本は高度経済成長でフランスもドイツもイギリスも追い越して、一時は一人あたりのＧＮＰがアメリカ以上になりました。これは奇跡といっていいほど大変なことでした。

それが実現した理由はなんであったかと考えてみると、そもそも日本人が優秀だったということが挙げられるでしょう。戦争がなければ、もっと前から日本は経済的に繁栄していたと思います。しかし、日本人の優秀さをやっかんだ勢力が日本に資源を売らないといった意地悪をしたために戦争になってしまったわけです。しかし、戦後は自由貿易になりましたから、日本人の優秀さそのままに経済大国へと駆け上ったわけです。

◉自由貿易体制下であれば絶対の強みを発揮する日本の底力

戦後、西側諸国が自由貿易体制を取ったのは、戦勝国が反省をしたからです。戦後の世界の金融機構のあり方を話し合い、ドルを基軸通貨としてそれに対する各国通貨との交換比率を決める金本位制（金一オンスを三十五米ドルとした）や、国際通貨基金（ＩＭＦ）、国際復興開発銀行（ＩＢＲＤ）などの成立を決定したブレトン・ウッズ協定は、まさにそれを証明しています。これは一九四四（昭和十九）年にアメリカのニューハンプシャー州ブレトン・ウッズに四十五か国が集まって戦後の体制を話し合ったものです（翌年に発効）。その要旨は、「持てる国」が「持たざる国」をいじめたために第二次世界大戦が起こったという反省のもと、ブロック経済をやめて自由貿易を根幹とする戦後体制をつくるということでした。

日本は「持たざる国」に分類されますが、自由貿易をしていいというのなら、とてつもなく強い国です。今でもそれは変わりません。ただ、昔ほど強さが実感できないのは日本国内にあった強い工場が外国に拠点を移しているからです。

仮にユニクロが外国の工場で生産しているものをすべて日本国内でつくって輸出するとしたら、日本に膨大な利益をもたらしたはずです。これと同じことで、かつての高度経済成長時代には外国に工場を建てることはそれほどなかったため、日本は急激に成長したわけです。発想力、技術力は世界でも飛び抜けていることは昔も今も変わりないのですが、工場が外国に出ていったために日本の凄さが実感しにくくなっているわけです。

◉日本の経済成長を支えた石油と、画期的な発明であったコンビナートの建設

ブレトン・ウッズ体制になって気づいたのは、なるほど日本というのは天然資源、とくにエネルギーでクビ根っこを押さえられた国だったということでした。日本のエネルギー問題が解消されたのは、戦後、中近東で想像を絶する量の石油が出たことによります。大東亜戦争の頃はアメリカが最大の石油産出国でした。アメリカのカリフォルニアの油田から採掘される石油の質が一番いいといわれていました。ところが中近東で石油が出ると、何しろ桁違いの量でしたから、原油価格がほとんどただみたいな値段になりました。それによって日本のエネルギー問題は一気に解消されました。

高度経済成長期に石油ストーブが流行った時代がありました。その頃、我が家では一斗缶で石油を買っていましたが、戦時中は「石油の一滴は血の一滴だ」といわれていましたから「こんな贅沢をしていいのかな?」と思った記憶があります。

このエネルギー問題の解消とともに日本が飛躍的に成長したもうひとつの理由は、海の沿岸にコンビナートをつくったことです。つまり、石油・鉄・石炭などの原材料を外国で買って船で運び、港に着くとそのまま湾岸につくった工場ですぐに使えるようにしたのです。これは画

期的なアイデアでした。従来であれば、鉄鋼会社は鉄が産出される場所に工場をつくりました。そのため、工場で燃料として使う石炭を運ぶために列車を利用していました。列車は十トンを運べる貨車を百台連結したとしても千トンしか運べません。ところが、船ならば一度に何万トンもの原材料が安価で運べるのです。

このような画期的な方法を次々に編み出したことによって、日本はあっという間に世界経済の表舞台に躍り出たのです。これを世界中が真似しました。そして、ここが日本人のお人よしなところなのですが、その技術を教えるだけでなく、わざわざ韓国や中国の沿岸に製鉄所を建ててやったのです。

「宋襄《そうじょう》の仁《じん》」という言葉があります。宋の国の襄王が楚の国と戦ったとき、王子が「敵が川の中にいて陣を整えていないうちにやっつけましょう」と進言しますが、襄王は「相手が困っているときに攻撃をしかけるのはよくない」と情けをかけます。しかし、それがあだとなって負けてしまうのです。

これを「宋襄の仁」といいますが、韓国や中国に製鉄所をつくってやったというのは、この「宋襄の仁」にあたる無用な情けであったといえなくもありません。鉄鋼ができなければ近代産業は栄えません。その意味では、中国でも韓国でも沿岸に日本が鉄鋼所をつくってやったところから近代産業が始まったと私は考えています。

◉昔も今もエネルギーの安定供給は日本の絶対的生命線

それはともかく、エネルギー問題が解消されたことによって日本は奇跡的な経済発展を遂げました。それに影がさしたのは、原油国の不安定化から引き起こされた二度のオイルショックです。つまり、一九七三（昭和四十八）年に第四次中東戦争がきっかけで起こった第一次オイルショック、それから一九七八（昭和五十三）年のイラン革命によって起きた第二次オイルショックです。

当時の日本政府の担当者たちは私よりもずっと年上で戦前をよく知っている人たちでした。当然のこと、日米開戦前の石油備蓄が枯渇しかけたときの苦しさを嫌というほど知っていました。オイルショックが起こると、その人たちは早急にエネルギーの安定供給の方法を考えました。そして、早々に原子力を導入するという方向に舵を切ったのです。それから今日まで原子力発電が日本の使用エネルギー量の三割くらいになるまでに育て上げました。しかし残念なことに、福島で津波による思いがけない事故があって現在は頓挫している状況です。

感情論を抜きにしていえば、原子力は素晴らしいエネルギーです。今は原子力と火力しか頼りになるエネルギーはないといっていいほどです。私も記憶していますが、戦後まもなくは電気が足りなくなって、しょっちゅう停電がありました。私が高校の頃、うちの田舎の山奥に大きな水力発電所がありました。そこに住んでいた人を全員立ち退かせて、ダムの底に村を沈めて発電所をつくったのです。その大きな発電所にどのくらいの発電力があるかと聞いたところ、「七万ボルト」といっていました。

当時は日本中いたるところで水力発電所が建設されていました。数えきれないくらいの村を沈めて水力発電所をつくったのです。それで日本の電力を補おうとしたわけですが、ここ十年ぐらいの間に水力発電が日本の発電電力量の電源別構成比に占める割合はわずかに七、八%で一割に満たないのです。現在のおおまかな電源別構成比は火力と原子力で九〇%、水力で八%、残りの二%がその他のエネルギーです。

原子力発電所が止められた今、日本は再びエネルギー問題に直面しています。福島の事故以降、日本の貿易収支はずっと赤字が続いています。それは毎日百億円ずつ火力発電に使う燃料代が増えているからです。

一日百億円といってもピンとこないかもしれませんが、これは膨大な金額です。たとえば、尖閣問題などがあり安倍首相が防衛費を増やそうとしました。財務省の反対でようやく四百億円増やすことになったわけですが、これは原発を止めたために余計に必要になった石炭・LPGガス・石油等の購入代金のたった四日分です。原子力発電所が稼働していれば必要のなかったものです。その状態が今も続いています。これからも貿易収支はずっと赤字です。これが何年も続いたらどうなるかということを本気で考えなくてはいけません。

太平洋戦争は石油で負けました。日本の高度経済成長は石油によって成し遂げられました。かくのごとく、エネルギー政策というのは一国の行方を決める重大なものです。今、風力・太陽光・地熱発電などの新エネルギーに転換しようという意見がありますが、それが電源別構成比の数十％を占めるようになるまでには何年かかるでしょうか。その間、一日百億円ずつ無駄にお金を流し続けるような体力は日本には残っていません。私は戦時中の人間としてそれを恐れます。

◉福島原発事故に見る二つの不思議と日本独立反対派の扇動

しかも福島の事故で不思議に思うのは、原発自体の事故ではないのに、原子力を否定しようとした点です。あの事故は地震による津波で電源に水がかぶったことから予想外の事態に至ったのです。しかも事故対応に現場があたふたしていたときに菅首相が視察にやってきたために、さらに混乱してしまったというのが真相のようです。地震自体で原発が壊れたわけではないのですから、他の原発を止める必要は全くなかったといってもいいのです。

もうひとつ不思議なのは、放射性物質が漏れたというので除染をしたことです。英米の専門家は「除染の必要はない」と助言をしているのに「除染だ、汚染水だ」と騒ぐのは全く理解できません。

除染が不必要なことは広島や長崎の実態を見れば明らかです。確かに原爆を落とされて多くの方が亡くなりました。しかし、亡くなった方の大部分は焼死です。あるいは家が潰れて下敷きになった人もいます。それに比べれば放射線の影響で亡くなった人はきわめて少ないのです。そして原爆投下後の三か月後には住民が戻ってきているのです。爆心地にも三か月もたつと蟻《あり》やネズミが出てきたので、人間は大丈夫という放射線学者の意見が重んじられました。また、原爆の被爆者については国際的な研究機関ができて、外国の学者も加わって何十年も調査を続けています。その結果、ガンの発生率は被爆しなかった人よりも低いことがわかっています。奇形児もとくに生まれていません。これは長崎も広島も同じです。それゆえに速やかに復興することができたのです。

翻って福島の事故で漏れた放射性物質の量は原爆の千数百万分の一です。そういう科学的な比較もせずに(民間には比較をした人がいると思いますが、政府はやりませんでした)、いたずらに不安を煽っているのです。これが問題を余計に大きくしてしまったように思います。

広島は中洲の街ですから多くの川が広島湾に注いでいます。しかし、そこで養殖したカキを食べても問題は起こりませんでした。また広島湾の外は瀬戸内海という内海です。それでもべクレルの値で騒いだりはしていません。それなのに外海の太平洋に面しているような場所で、なぜ汚染水で騒ぐのかも理解できません。

福島の復興の遅れは政治的な初期対応を誤ったからだと私は見ています。福島原発の半径二十キロ圏内に住んでいた人たちが強制的に動かされたわけです。そのストレスで病気になられた方や亡くなった方がたくさんおられます。科学的に考えれば、放射線で亡くなった人は一人もいませんし病気になった人もいません。病気になりそうな人もまだ報告されていません。

本来はこうした現実を冷静に見て議論すべきですが、同情論が強くなりすぎて正しい判断ができなくなっているように思います。こうした科学的な知見を隠して反原発を煽っているのは明らかに日本の独立に反対を唱えてきた人たちのＤＮＡを受け継いだ系統だろうと思うのです。

今のところ原子力抜きで日本のエネルギー独立の可能性はありません。エネルギーの独立なくして国の独立がないことは、我々は経験済みなのです。

原子力が絶対に安全ということはおそらく永遠にないかもしれません。しかし、絶対の安全を求めるとしたら富士山でも噴火する可能性はあるわけですから、富士山周辺に住む人たちはすぐにでも移住しなければならないことになります。東海・東南海地震が起こるとされている地域の人たちも生まれ故郷を捨てなければなりません。そんなことをいえば、地震国の日本には住む場所がありません。原子力が危険だというのは、それと同じことをいっているのだと気づいてほしいものです。

民主党政権が終わって安倍政権に代わり、ようやく原子力をベースロードにするという方針が打ち出されました。これは以上のような理由から至極当然であると思いますし、安倍さんがトップセールスで熱心に外国に原子力発電を売ろうとしているのは非常に心強いことです。日本が原子力の開発から手を引けば、中国が必ずそこにつけ入ってきます。中国には資源がありませんから、エネルギーの問題は中国にとっても大きいのです。今、四十基ぐらいの原発を東シナ海沿いに建設中と伝えられていますが、それらの原発が日本の原発のように安全かどうかはわかりません。もっと恐ろしいことは、日本の研究者が引き抜かれることです。

また、研究ができないとすれば日本から原子核の研究家がいなくなる可能性もあります。これは終戦直後に三浦重三先生がいわれたように「物理学の芯が止まること」なのです。東大は原子力開発をやめたそうです。今は東京工業大学のみで行っているそうですが、むしろこれは徹底的に強化して研究者に特別に高い給料を払ってでも増やしていくべきです。そうしなければ日本のエネルギーの問題は解決しません。

二十年後、三十年後に原子力に代わるものが出ればいいのですが、それまで原子力を止めて毎日百億円を無駄遣いするわけにはいかないのです。戦争中のエネルギー問題を振り返れば当たり前の話としてそう思いますし、今後、経済成長を続けるためにも原発は欠かせない要素になるはずです。

◉インフラ整備に大きな役割を果たした東京オリンピックの開催

高度経済成長時代の一大トピックといえるのが、昭和三十九（一九六四）年に東京で開催されたオリンピックです。二〇二〇年に再び東京にオリンピックが来ることになりましたので、ここで初めて日本にオリンピックがやってきた頃を振り返ってみたいと思います。

前回のオリンピックは見事に経済成長と連動していました。とくに印象的だったのが、高速道路の建設と新幹線の開業です。日本のインフラの特徴といえる道路と鉄道の整備がオリンピックの前後に始まったのです。

終戦後しばらくたった頃の話ですが、地図を見ながら車で日本を旅行しようとしたアメリカ人が「道路がない」と驚いたといいます。確かにそうで、終戦後、私が山形県鶴岡市から東京の上智大学に出てくる際も、荷物は鶴岡の駅まではリヤカーで運び、駅からチッキという貨物にして送り、荷物が四谷駅に着くとまたリヤカーで寮まで運んだものです。鶴岡から東京まで道が通じていないので、トラックで運ぶことができなかったのです。

戦中までの日本の道路がいかに惨めだったか。たとえば、零戦を飛行場まで運ぶために牛や馬を使ったという話も残っています。トラックで運んでは未舗装の凸凹道を走ったときに、あまりに揺れるので壊れるおそれがあったからだと伝えられています。そのくらい戦争中は道路がなかったのです。

そのことに痛切に気づいたのが田中角栄です。田中さんについては毀誉褒貶《きよほうへん》がありますが、道路問題を一挙に解決したのが彼であることを忘れてはいけません。道路をつくるのには大変なお金がかかります。当時の大蔵省は「そんなお金はありません」と支出に難色を示しました。そうしたら田中さんは「金をつくればいいんだろう」と、道路三法という法律をつくって、大蔵省から予算をもらわなくても道路建設を進められるようにしたのです。

その結果どうなったでしょうか。日本の自動車産業が大きく発展したのです。道路がなければ自動車産業は成り立ちません。道路整備が行われていなければ、トヨタもホンダも日産も今のような姿にはなり得なかったのです。

新幹線も同様に画期的でした。当時、世界中で「鉄道の時代は終わり」という声があがっていました。ところが日本では、南満洲鉄道をつくった人たちが「日本のような線路の幅の狭い鉄道ではダメだ。幅の広い本格的な鉄道をつくらなければいけない」といって、新幹線をオリンピックに合わせてつくってしまったのです。それを見た世界中の鉄道会社、とくにドイツとフランスが奮い立って高速鉄道網をつくり出したのです。

道路と新幹線は東京オリンピックを境に、日本の交通網を大きく変化させました。これによって、高度経済成長にも拍車がかかったことは間違いないでしょう。

本当は昭和十五（一九四〇）年に東京でオリンピックを開く予定になっていました。私の父親もそのときに使える券を持っていました。しかし、昭和十二年に始まった支那事変の影響で中止になってしまいました。もしもあのとき予定通りにオリンピックが開かれていたら、日本は平和の祭典で大いに盛り上がったと思います。世界中の人も日本にやってきて日本人の誠実な姿を見ていたら、その後の歴史は変わっていたのではないかと思ったりもするのです。

◉女性を家庭から解放した電化製品とファミリーレストラン

戦後七十年を振り返るひとつの軸として暖房の歴史について考えてみたいと思います。すでにお話ししたように、終戦直後、私は勤労動員で電灯もないような山の中にいました。そのときに靴を履かずに山の中に入り、学校にも裸足で通ったこともあります。冬は寒くてどうしようもありませんでした。大学に入って学生寮に入りましたが、学生寮の屋根はトタンでできていたため冬は寒く、外にいるのと変わりがないほどでした。

戦後十年たった頃に家庭を持ちました。当時、家庭の暖房に使うのならば、しょっちゅう継ぎ足さなければならない石炭を使うストーブよりも、長持ちする練炭ストーブがいいという話がありました。そこに石油が入ってきて、石油ストーブが発売されると大変な人気になりました。とくにイギリス製のブルーフレームというのが、石油の匂いを出さないというので大人気になりました。すぐにその真似をした日本製のストーブもいろいろ発売されるようになって、暖房といえば石油ストーブという時代になりました。

匂わないといっても石油ストーブは一酸化炭素が出るので体によくないといわれるようになると、今度は石油ストーブに煙突を付けることが流行りました。しかし、石油ストーブには灯油を注ぎ足す面倒があり、これはどうしても解消できませんでした。

そのうち、ルームクーラーと一緒に暖房ができるエアコンが登場しました。これが石油ストーブに取って代わりました。エアコンの人気は長く続いています。しかし、これにも難点はあって、エアコン暖房では足元まで暖かくならないのです。足が冷たいと体が温まりません。

その難点を解消したのが床暖（床暖房）で、これが今の流行になっています。床暖というのは部屋の温度が低くても、足が暖かいために寒さが気になりません。止めて寝てもしばらく暖かいために、暖かいまま寝つくことができます。書斎にいても足が暖かいものだから、床暖は非常に快適です。

学生の頃の寒さ、練炭ストーブの匂い、初期の石油ストーブの扱いにくさ、エアコンの風によって風邪をひくといった数々の課題をクリアして生まれた床暖というのは、なんという快適さの進化であろうかと、しみじみありがたいと思います。こういう快適さは昔であれば殿様であっても味わえなかったものです。

昔の主婦はとにかく忙しかったのです。洗濯も洗濯板を使って手で洗っていましたし、ご飯は窯で炊いていましたから時間と手間がかかり、家族より一時間ぐらい早く起きて炊かなければいけませんでした。掃除もハタキをかけて、箒《ほうき》で掃いて、ちりとりで集めていました。

ところが、高度経済成長期になり洗濯機や炊飯器や掃除機といった電化製品が続々と登場してくると、日常の風景は一変しました。洗濯は手洗いする必要がなくなり、家族と一緒に起きてもご飯はすぐに炊けるようになりました。掃除機を使えばゴミはすぐ吸い取れるので、ハタキも箒もちりとりも必要なくなりました。これらの生活家電の登場によって、女性の家からの解放が始まったのです。

それでもまだ七〇年代の中頃までは家族で外食をするというようなことは少なかったように思います。私の家でも子供が小さな頃は、レストランで食事をするというのは年に何度あるかというぐらいのイベントでした。ところが、八〇年代になるとファミリーレストランが街のあちこちにできてきて、今では外食がそれほど特別な出来事ではなくなってきました。これによって女性の仕事がまた少し減ってきたわけです。

昔は、着物を縫うのも女性の仕事でした。針仕事というのは女性の大変な労働であって、仕事をしている女性の姿というと、針仕事が一番印象的であったように思います。だから、ミシンが出始めた頃、ミシンのある家は羨《うらや》ましがられました。何十軒に一軒ぐらいしか持っていなかったのです。その頃は、若い女性たちは勤めに出ると貯金をして、結婚式までにミシンを買うというのが約束事になっていました。ところが、いつの間にかミシンはあまり使われなくなり、今やミシンのある家を見かけることも少なくなりました。

生活はどんどん便利になり、いつの間にか家庭がなくても生活ができるようになっています。昔は男が一人で暮らすというのは大変なことでした。炊事・洗濯・掃除といったことが面倒だから結婚したという人も数多いと思います。ところが今は、女性でも男性でも収入が少しあれば、苦労なく一人暮らしができる時代になりました。

便利になるのは実にありがたい話なのですが、その半面、家族や近隣とのつながりが希薄になってきたようにも感じます。現在問題となっている若い人たちの未婚化の問題も、そのひとつの要因はこうした便利で暮らしやすい社会になったというところにあるように思うのです。

右肩上がりの高度経済成長がもたらした負の部分が、今、さまざまな社会問題となって表れてきているようにも思います。

第六章

冷戦の終結と失われた二十年

サバティカル・イヤーを過ごしたイギリス・スコットランドのエディンバラ時代、感謝祭休暇中に一家で訪れたベルギー郊外の修道院の庭で。左から長女・真子、著者、妻・迪子、次男・基一、長男・玄一（1978 年）

◉ソ連は経済から崩壊することを予言したハイエク先生

一九六〇年代、後にノーベル経済学賞を受賞されるフリードリヒ・A・フォン・ハイエク先生がしばしば講演に呼ばれて来日していました。ハイエク先生は『隷属への道』という名著を一九四四（昭和十九）年に出していますが、これは社会主義・共産主義とファシズムやナチズムが同じものであることを指摘するとともに、ソ連の体制は経済から潰れるということを明快に述べた本です。

ハイエク先生はオーストリアのウィーンで生まれ、ウィーン大学で講師をしていましたが、一九三一年にイギリスのロンドン・スクール・オブ・エコノミクス（LSE）から講演に呼ばれ、以後LSEの教授を長く務めました。当時、そこにいた学者の多くはナチスから追われた人たちでしたが、経済学的にはナチスと同じような主張をしていました。それに危機感を覚えたハイエク先生は、同僚たちから嫌われることを百も承知で『隷属への道』を書くのです。

その趣旨は非常に簡単で、わかりやすい例を挙げると、コーヒー一杯の値段を計算して、コーヒー豆はブラジルではいくらであるけれど、その同じ豆を使ったコーヒーを一流ホテルで美人のウェイトレスがウェッジウッドの食器に乗せて運んでくる場合の値段と、街角のコーヒーショップで立ち飲みする場合の値段が同じになるかというと、そうはならない。コーヒーショップで飲めば二百五十円、一流ホテルで飲めば千円という場合もある。そのコーヒーに千円の価値を認める人がいれば、それは千円で売れるわけです。つまり、いくらの値段でコーヒーを売るかはコーヒー豆の値段からは計算できないのです。

ところが、それを計算できると思い込んだのが共産主義です。共産主義は市場というものを考えないのです。ソ連は計画経済ですから、たとえば机をつくるというときに「何個つくれ」という指令（ノルマといわれていました）を出すわけです。すると、指令を受けた人はなるべく早くつくり終えようと小さい机ばかりつくります。それでは使い勝手が悪いので、今度は重さで割り当てればいいだろうと「何トン分の机をつくれ」と指示したところ、一つひとつの机を重くすれば作業の手間がかからないというので、ソ連の終わりの頃は動かせないような机ができたという笑い話もありました。

しかし、こんな机をつくっても使う人はいません。だから、消費者を考慮しないで値段をつけることはできないというのがハイエク先生の意見です。小さな単位の経済ならともかく、国家規模の大きな単位になると値段は市場に聞くよりしようがないというのです。ところが、ソ連では消費者不在で膨大な資源の無駄づかいが行われているから、そのうち潰れるだろうということをハイエク先生は明快に述べたわけです。

私はハイエク先生が来日したときに、先生の通訳を務めました。奥さまの通訳もやりました。そういうわけで個人的にもお付き合いがありました。そのときに先生は、「我々が社会主義から学ぶことは何もない。ただ、社会主義の連中は馬鹿なことでも繰り返し、繰り返し述べる。そうすることを彼らから学ぶべきだ」といわれましたので、「なるほど」と思いました。これは私の人生にとっても非常に重要な教訓となりました。大きな岩でも叩き続けていれば壊れることもあるかもしれない、というひとつの人生観を与えられました。

そうしたら、その通りにソ連が潰れました。ソ連が潰れる前年、私はたまたま国際古書学会でハンガリーのブダペストに行きました。そのとき、東ドイツからハンガリーにどんどん人が逃げてきていました。ベルリンの壁があって西ドイツには行きにくいため、同じ共産主義国家であるハンガリーに逃げたのです。

ハンガリーで聞いたところでは、東ドイツには鉄道を動かすための十分な技術者がいないとか病院に医者がいないというような話でした。国家の枢要にいる人間が逃げ出すと、汽車もろくに動かなくなるのです。その話を聞いて、「なるほど、これは東ドイツはじきに潰れるな」と思っていたら、その翌年にベルリンの壁が崩れたのです。そして、連鎖するようにソ連が崩壊したのです。

◉ソ連の誕生と崩壊が日本にもたらした大きな影響

ソ連の崩壊は日本にとって大きなことでした。日本の歴史を見ると、どんなに悪い賊でも皇室を廃止しようと考えた人はいませんでした。皇室に取って代わろうとした蘇我入鹿や道鏡はいましたが、皇室そのものを廃止しようとした人はいなかったのです。

ところが、ロシア革命が起こると、日本にも皇室の転覆を目標に掲げた勢力が生まれました。ロシア革命以前にも日本に社会主義者はいました。しかし、だいたいが人道的な社会主義者で「貧乏人をなくせ」というような主張をしていました。ところが、ソ連ができて数年たつと皇室廃止までいう牙を持った社会主義が出てきました。それが今も続いているわけです。だからソ連の誕生と崩壊は、皇室の面から見ても重大な問題だったのです。

そして、もしもソ連が生まれなければ満洲事変もなかったのです。実際、ソ連ができる前までは満洲には南満洲鉄道の沿線にたくさんの日本人が穏やかに暮らしていました。ところがソ連ができると、共産思想に反日思想が合体して在留法人の生活が脅かされるようになりました。その延長線上で満洲事変が勃発することになったのです。

シナとの戦争にもソ連が関係しています。昭和十二（一九三七）年七月七日の盧溝橋事件も、蔣介石の国民政府軍に入り込んでいた共産分子が演習中の日本軍に鉄砲を打ち込んで戦争を仕掛けたものです。同年八月十三日の上海における日本居留地への砲撃や空爆も、それを指揮した張《ちょう》治《じ》中《ちゅう》という国民党の将軍が共産党員であったことがわかっています。だから、ソ連がいなければ太平洋戦争も起こらなかったと思います。

日本は日露戦争でロシアと戦っていますが、幕末以来、ロシアそしてソ連は日本の一番の仇敵でした。今でも私の記憶に残っているのは、今上天皇陛下の即位二十周年を祝う式典の際、天皇陛下がソ連の解体についてお話しになったことです。私もその場にいたのですが、この話を聞いたとき、皇室がいかにソ連、そして共産主義というものを意識しておられたかがわかりました。

というのもソ連は戦前から、コミンテルンを通じてコミンテルン日本支部であった日本共産党にテーゼとして皇室廃止を命じていました。先述したように、それ以前は皇室廃止を考える日本人はいなかったのですが、国際的に連なる共産主義という強力な集団が皇室廃止をテーゼとしたのです。皇室に共産主義への恐れがあって当然だと思います。

実際に皇室はソ連によって解体される危機に直面していたのです。それは終戦間近な頃の話です。当時、日本の陸海軍の指導者の中に、アメリカに降参するよりソ連に降参したほうがいいという声があったのです。

私が中学三年の頃、書類を取りに鶴岡の市役所に行くとポスターが貼ってありました。そこには、ソ連の人々はレニングラードの戦いのときに頑張ったのだから我々も頑張ろう、というような惹句《じゃっく》が書いてありました。私はそれを見て非常な違和感がありました。ソ連は日本の仇敵なのに、なぜソ連をほめるようなポスターが貼ってあるのだろうと思ったのです。

その理由はあとでわかりました。つまり、日本政府の中枢部にソ連に降参しようという意見があったことと連動していたのです。海軍大将の米内光政がそうだったと言われていますし、陸軍にもそういう人がいたようです。侍従長を務め終戦時の首相であった鈴木貫太郎さえも、一時は「レーニンというのは西郷みたいな人らしいな」といったと伝えられています。

これらの人の意見は、日本の海軍の残存部分を譲り渡し、ソ連に降参して戦争の処理をやってもらおうというものだったようです。これが実現していたら、日本は大変な事態になっていたことでしょう。戦後、ソ連への降伏を推進しようとした軍人の中に、ソ連に講和を頼むという動きもありました。敗戦直前にそういう動きをした人の中には、戦後、日本共産党に入った人もいます。

ところが、硫黄島の戦いの頃に近衛文麿が天皇に対して上奏文を書いたのです。いわゆる近衛上奏文です。この上奏文の作成には吉田茂が参加していたといわれますが、「日本では右翼といっても左翼といっても同じであって、右翼の軍人は共産主義者である」というような趣旨を述べています。それを昭和天皇もお読みになったと思います。だから、ポツダム宣言を受諾するかどうかという最後の決断のときに、とくに昭和天皇はイギリスに対して親和感を持っておられましたから、ソ連に降参するわけにはいかないと、受諾を決断なさったのではないかと私は推察しています。

共産主義と皇室は相入れないものなのです。今上天皇陛下の即位二十周年記念のお話をうかがって、そんなことを思い出しました。

◉左翼思想に代わって世界を支配し、グローバリズムの恩恵を蒙ったユダヤ人

ソ連が解体したあとでアメリカ人日系二世のフランシス・フクヤマという人が『歴史の終わり』という本を書きました。もうイデオロギーの時代は終わったということを書いた本で、世界的なベストセラーになりました。日本語訳は私が行いましたが、フクヤマさんの見方は正しかったと今にして思います。

イデオロギーの世界の対立を「社会主義・共産主義」対「自由主義・資本主義」という図式で見た場合、社会主義・共産主義は完全に敗北して復活する兆しは見えません。中国も共産主義国といいますが実態は資本主義ですから、純粋な共産主義といえば北朝鮮ぐらいのものでし

ょう。そう考えると、歴史の終わりは一面では正しかったと思うのです。

ただ、社会主義や共産主義が滅んだ代わりに出てきたものがありました。「グローバリズム」です。グローバリズムの本質についてはいろいろな見方がありますが、私は、ユダヤ民族が二千年もの間、望みに望んだことが達成されたように考えています。第二次世界大戦中に一番虐められた民族はユダヤ人でしたが、戦後一番得をした民族もユダヤ人であると思うのです。

グローバリズムがユダヤ人に利益を与えた理由は主として三つあります。

ひとつは国境がなくなることです。EU（欧州連合）ができるということを誰が想像したことでしょうか。ドイツやフランスはナショナリズムのごりごりの争いを百年以上も続けていたのに、EUによって簡単にひとつにまとまりました。

第二は、個人の才能だけで差別し、他の一切を考慮に入れるな、という考え方が主流となったことです。今のアメリカを見てもわかるように、差別意識について非常にうるさくなっています。男女差別、階級差別、年齢差別、そういった差別はしてはいけないという方向に進んでいます。そうした中で、逆に徹底的に差別が進んだのが能力の有無、つまり能力差別です。背景を問わず能力で差別をするというのは、ユダヤ人にとって非常に有利なのです。

第三は、すべて契約で決めるようになったということです。これは『ヴェニスの商人』を例に挙げてもいいと思います。

中世ヨーロッパで金貸しができたのはユダヤ人だけでした。それを背景にできたのがシェイクスピアの『ヴェニスの商人』です。この中でユダヤ人の金貸しシャイロックは宿敵のアントーニオにお金を貸し、返せなかったら胸の肉を一ポンド切り取っても構わないという契約を結びます。約束の期日にアントーニオは返済するお金を用意できませんでした。友人のバッサーニオが代わりに払おうとしますが、シャイロックはこれを拒否して裁判を起こします。

法廷でポーシャというバッサーニオの婚約者が裁判官に扮してシャイロックに慈悲を見せることを求めますが、シャイロックは契約通りにすることを求めます。それで仕方なくポーシャは「胸の肉を切り取ってもいい」とシャイロックにいいます。シャイロックは喜んで、アントーニオの胸の肉を切り取ろうとしますが、そのときにポーシャがこういうのです。

「肉は切り取ってもいいが、契約書にない血を一滴でも流せば、契約違反として全財産を没収する」

血を流さずに肉を切り取ることは不可能です。シャイロックは渋々それを諦めて貸した金の返済を要求しますが、すでに一度バッサーニオから受け取るのを拒否したため、それは認められませんでした。結局、シャイロックはアントーニオを傷つけようとした罪に問われ、財産を没収されてしまうわけです。

これはシェイクスピアの有名な劇で、日本でも明治十七（一八八四）年に坪内逍遥《しょうよう》によって翻訳されています。ですから、世界中の人が戯曲を見たり読んだりしていたわけです。ユダヤ人も当然そうでしょう。

そしてユダヤ人は悟ったのです。「契約書はちゃんとしなければダメだ。ユダヤ人を守ってくれるものは契約書だけなのだ」と。だから彼らは子供たちに教えたに違いありません。「肉を切り取るといった場合は、血は流れても罪は問わないことにするとか、切り取られて死んでも当人の責任とするとか、そこまでちゃんと契約書に書かなくてはいけない」と。それ以来、契約書はどんどん細かくなっていくのです。

日本にはユダヤ人の勢力は及ばなかったため、戦前の契約は緩やかなものでした。戦後になっても、私が本を書き始めた頃は、出版社とも契約書は取り交わしませんでした。ところが今はどんどん契約書の時代になっています。だから今のグローバル化の社会は、契約書に慣れたユダヤ人大資本家が最も得する制度になっているといえるのです。

考えてみればわかりますが、アメリカはリーマンショックのとき、経済恐慌を避けるためにマネーサプライ（通貨供給量）を三倍ぐらいに増やしたといわれています。その三倍になったお金はどこに流れたかというと、別にアメリカ人が急にお金持ちになったわけではなく、低金利の資金を借りて中国などに投資した銀行家が儲けたのです。そして、そのときに儲けた銀行家の半分ぐらいはユダヤ人です。

また、グローバル化した社会では、たとえば日本の一企業が非常に利益を上げても、その従業員が豊かになるとは限りません。なぜならば、グローバル化の世界では外国人でも自由に株が持てます。そして、その外国人の多くは銀行家でしょう。よくいわれるように韓国のサムスンがいくら儲けても、サムスンの株の半分以上は外国人が持っていますから、半分以上の収益は外国に行くのです。そうするとサムスンが利益を上げるためには賃金を安くするしか方法はありません。だから、現実に韓国は貧困化が進んでいると指摘する人もいます。

そういうわけで、グローバル化とはユダヤ人が最も喜ぶシステムであるといっていいのです。これは別にユダヤ人が悪いわけではありません。世界の仕組みが彼らに有利なものに変わっただけです。グローバル化がそういう結果をもたらしているのです。ユダヤ人が意図しているかどうかにかかわらず、世界はユダヤ化しているといっていいように思います。

◉大蔵省の愚策によって引き起こされたバブルの崩壊と失われた二十年

戦後日本の高度成長の力は非常に強力でした。あまりにも日本の高度経済成長の力が強かったために、これを止めようとしたのが一九八五（昭和六十）年九月二十二日にG5（先進五か国蔵相・中央銀行総裁会議）において取り決められたプラザ合意です。これは世界の為替レートを安定化させるという名目で決められたものですが、実質的には「双子の赤字」（貿易赤字と財政赤字）に悩んでいたアメリカが対日貿易赤字を解消するために円高ドル安へと為替を誘導して、日本の輸出増加を食い止めようとしたのです。

しかし、あの頃は確かファックスの九割以上が日本製の部品および日本のパテントでできていると噂があったくらい日本の技術力がすごかったのです。卓上計算機もそうでした。また、ソニーのウォークマンが世界を席巻しました。そうやって日本は技術革新によって円高を克服したのです。

そのくせ大蔵省は為替管理を厳しくしていました。もしあのとき為替管理が緩やかになって、日本人が自由に金を買えたり外国に投資できたとしたらバブルにならなかったと思います。それができなかったために、あり余ったお金が日本の株式と土地に流れ込んだわけです。

そして、ご存じの通りのバブルが発生しました。

バブルは日本の経済に大きな禍根を残したといわれますが、注意しておきたいことは、バブルで損をした人は誰一人いないということです。ただ、バブルに乗り損ねて得をし損ねた人はいました。それによって、儲けた人と儲け損なった人との間に差別感が生じたのです。

差別感をとくに感じたのは、大蔵官僚だと思います。それから新聞記者の一部もそうかもしれません。大蔵官僚は子供のときから最優秀で、東大の法学部に入り、上位の成績で卒業した人たちです。国家公務員I種（現在は総合職試験）に合格した人の中でも一番上のクラスに位置しています。ただ、その人たちの収入は、上場企業のややいいサラリーマン程度でした。ところがバブルのときは中学卒業ぐらいの人でも土地をちょっと転がして億の金を儲けていました。それを見ていた大蔵官僚は腹が立ったはずです。

これは新聞記者でも理屈は一緒です。同期入社のA君は貯金をして小さな家を建て、B君は全部飲み潰した。バブルになったら小さい家を建てたA君は億万長者です。B君は当然嫉妬するでしょう。

そういう嫉妬の気持ちを隠し持ちながら大蔵省の官僚たちは、大儲けをしていた銀行家たちに通達を出してバブルを一気に潰したのです。あの頃、週刊誌によく世界の銀行のランキングが載っていました。私はそれを見て嬉しくてしかたがありませんでした。自分とは全く関係ありませんが、上位三位ぐらいを日本の銀行が占め、そのあとにも数多くランクインしていたからです。ところが、バブルを潰したら、日本の最上位であった三菱銀行ですら、ようやく三十何位かに入るぐらいに落ち込んでしまったのです。

これは大蔵省の大罪です。大犯罪です。あまりにも拙速にやったために、債券発行権を持っていた日本長期信用銀行や日本債券信用銀行まで潰れてしまいました。また個人向け住宅ローンを扱っていた住宅金融専門会社はあらかた潰れ、北海道拓殖銀行や山一證券も潰れました。

放っておけばどこまで潰れるかわからなかったのです。最後に、りそな銀行が潰れそうになったときに国が慌てて税金を投入し、ようやく止まったのです。アメリカはそれを見ていてリーマンショックのときに真似をし、金融機関の倒産を最小限で食い止めることに成功しました。

私はあのときの大蔵省の行為は非常に大きなマイナスを日本にもたらしたと思っています。バブルを潰してから、世界中から「日本は恐るるべきではない」という目で見られるようになってしまったのです。

それでもなんとか努力をして景気は回復に向かいましたが、平成九（一九九七）年に橋本龍太郎政権が消費税を上げたことが裏目に出ました。あれから二十年近く、日本はデフレ不況に悩まされることになったのです。

消費税を上げることがいかに大変なことか、このときの経験から思い知りました。三％が五％になっただけで、日本は長期不況に落ち込み、世界の経済成長から置き去りにされてしまったのです。安倍さんの主導するアベノミクスで日銀が通貨供給量を増やして円安に誘導し、株も上がってきました。それでも三％消費税が上がったために、安倍政権のデフレ脱却はうまく行ってないようです。景気が良くなれば財産が増えますから、そこで消費税を上げる分には影響も少ないのです。景気判断というのは非常に重要なものです。

日本が長期のデフレからようやく脱却したかと思えば、いつの間にか世界はグローバル化によって、それ以前と全く様相を変えています。労働の自由化とか資本の自由化というのは人件費を下げるという意味で、いずれもデフレ政策です。そうしたデフレの圧力が増す中でインフレを目指すというのは、非常に難しいと思います。ですから、経済的には以前と比べものにならないほど難しいかじ取りを迫られているということでしょう。

◉安倍政権になってようやく正常化しつつある歴史教科書

ソ連の崩壊によって一番大きなダメージを受けたのは、当然のことながら左翼の人たちです。崩壊後、かの国の実態が明らかになるにつれて、社会・共産主義を信奉していた人たちは一斉に沈黙しました。

彼らが撒《ま》き散らかした〝毒〟は本当に戦後の日本を害しました。それが最もわかりやすい形で現れたのが教科書問題です。先にも触れたように、占領時代、まともな先生の多くは公職追放になりました。その空いた席に入り込んだのが左翼思想を持った教師たちでした。ここに長きにわたって日本の教育界が左翼的な思想、自虐的な考え方に染め上げられてしまった根本的な原因があります。とくに国公立大学では一度居座った先生が簡単に動きませんし、その後釜には必ず自分と同じ意見を持つ後継者を採用します。そのようにして左翼系の先生たちが戦後続々とできた地方大学や私立大学にも送り込まれていきました。その結果、大学はあっという間に左翼系の教師たちの支配する場所になりました。さらにその先生たちの影響が日教組に及んでいったのです。

しかし、それはおかしいという意見が出始め、風向きは徐々に変わりつつありました。教科書検定であまりに左寄りの意見は省くようになったのです。これに関して家永教科書裁判という有名な裁判がありました。この裁判は家永三郎氏らが執筆した高校の日本史の教科書が検定不合格となったことを受けて、「教科書検定は違法である」と主張して起こしたものです。裁判は三次に及び、終結までに三十二年という長い時間を要しましたが、結局、家永氏は全面敗訴しました。これは教科書からおかしな記述を取り除こうとする文部省（現在の文部科学省）の姿勢を象徴するものでした。

ところが、昭和五十七（一九八二）年に重大事件が起こります。文部省が教科書検定において高校用日本史教科書の記述を〝侵略〟から〝進出〟へ変えさせたという報道が新聞・テレビにおいて一斉になされたのです。これがいわゆる教科書問題です。報道後、すぐに北京やソウルからクレームが来て、大騒ぎになりました。

ところが、あるミニ新聞が調べてみるとどうもそういう事実はないし、文部省も議会で否定しています。私も調べてみましたが、報道されるような事実は見つかりませんでした。そこで当時『諸君!』の編集長であった堤堯《ぎょう》さんに推められて「侵略を進出に変えた事実はない」という記事を『諸君!』に書くことにしました。同時に、竹村健一さんがホストを務める『世相を斬る』という番組の中でそのことに触れると、放送後、大きな反響がありました。

私はこの件で朝日新聞に公開質問状を出しましたが、朝日新聞は何ひとつ答えられませんでした。そのうちに産経新聞が紙上で報道の誤りを認めて謝罪しました。それを受けて北京政府も抗議を取り消しました。

これで一件落着になるはずだったのですが、わざわざ火をつける人が現れました。当時の官房長官、宮澤喜一《きいち》氏です。宮澤官房長官はその年の秋に鈴木善幸《ぜんこう》総理大臣が訪中予定であったことから北京政府に配慮して「今後の日本の歴史教科書の記述については近隣諸国の感情を考慮する」という趣旨の談話を出したのです。

これが悪名高き近隣諸国条項です。これによって以後、日本は自国の歴史を書くときに中国や韓国にお伺いを立てなくてはならないというおかしな事態になりました。この宮澤談話によって、正常化しつつあった検定の方向が百八十度変わってしまいました。その結果、南京事件や慰安婦問題を必ず教科書に載せなければならないというようなことになったのです。

その後、まともな教科書をつくらなければならないという考え方が再浮上するまでには二十年以上の歳月がかかりました。平成十八(二〇〇六)年秋、第一次安倍内閣が誕生すると、ようやく教科書問題が政治の中心に置かれるようになりました。

安倍さんは内閣総理大臣になる前、確か小泉内閣の官房長官のときに、教科書会社の集まりで講演をしました。その席で教科書会社の社長さんたちに「従軍慰安婦なんていう話が教科書に出ているが、こういう話題を子供に読ませていいものか」と聞いたところ、ある大手出版社の社長が「いや、そのほうが売れますから」というのに愕然《がくぜん》としたといいます。

そういう体験もあったため、総理大臣になるとすぐに指導要領の改編から始めて教科書の本格的な改革に乗り出しました。しかし、途上で病気により辞任を余儀なくされました。その後、ご存じのように不幸にも民主党政権が続き、このままでは日本は本当に沈没してしまうと心配されましたが、予想外にも安倍さんが吉田茂以降、初めて二度目の総理大臣に返り咲きました。その結果、現在また教科書を正常化する方向に進んでいます。これはきわめて喜ばしいことです。

◉「従軍慰安婦」「女子挺身隊」……虚報を流し続けた朝日新聞の大罪

左翼的な〝毒〟を撒き散らかしたという点では、新聞やテレビなどのマスメディアにも大いに反省してもらわなければなりません。

戦後、「戦前の日本は悪かった」「日本の暗黒時代であった」という批判が巻き起こりました。批判を繰り広げたのは、そう言わなければ立場のない敗戦利得者の進歩的文化人たちでした。そして、この人たちの言説を無批判に広めたのが朝日新聞をはじめとするマスメディアです。それによって、「戦前＝悪」という見方は一般の人たちの間にも浸透していくこととなりました。

こうした批判に連なるものとして、「戦時中の日本の軍隊はだらしなかった」という話も広められました。しかし日本軍は実に立派な軍隊でした。たとえば陸軍でも北京や上海その他を八年間占領していますが、故宮《こきゅう》博物館からは何も盗まれていません。手を出さなかったのです。いわゆる「従軍慰安婦」の問題にしても、日本軍の中には「被占領国の女に手を出してはいけない」という約束事がありました。

ただし、兵隊は元気な若者ですから、野放しにすれば何をするかわかりません。それを日本人は恐れて、売春業者に営業させたのです。当時は日本国内に公娼制度があり、売春は合法でしたから、その女性たちを利用したのです。売春業者は日本人だけではなく、朝鮮人もシナ人もいました。そして売春婦になった八割は日本人の女性でした。この方法が「いい」とはいいません。しかし、自ら何も手を打たないで被占領国の女たちを強姦《ごうかん》させるよりは「まだまし」だとはいえます。この違いについてわからない人が多いのです。

こうした工夫があったから、日本は八年間もシナを占領しながら「日本人の落とし子だ」という子供がほとんど出ていないのです。ところが、わずかな期間にもかかわらず、ベトナム戦争では韓国兵と現地女性との間に生まれた子供が何万人も出て問題になっています。この違いを知らなければいけません。

こういう話は聞きたくない人の耳にはなかなか入りませんが、言い続けなければなりません。戦争になれば占領地の女が犯される。日本軍はそれを恐れて自国の売春業者に営業をさせたのです。これは被占領地の女性に対する最大の配慮であり、思いやりです。これをわかってもらわないと困ります。

これに関連して指摘したいのが「従軍慰安婦」です。朝日新聞の捏造記事で「従軍慰安婦」という言葉が広まったとき、私は「そんなものはない」と即座にコメントを出しました。「従軍」というのは「軍属」という意味です。軍属とは陸海軍に正式に所属する軍人以外の人たちのことで、階級区分もありました。たとえば、従軍看護婦、従軍僧、従軍記者、従軍画家などがいましたが、これらの人たちはすべて軍属です。

私は「従軍慰安婦」という言葉を聞いたときに『従軍看護婦の歌』（加藤義清作詞・奥好義作曲、明治二十七年）という歌を思い出しました。今でも全部そらで歌えます。次のような歌詞です。

一、火筒《ほづつ》の響き遠ざかる　跡には虫も声たてず
吹きたつ風はなまぐさく　くれない染めし草の色
二、わきて凄きは敵味方　帽子飛び去り袖ちぎれ
斃《たお》れし人の顔色は　野辺の草葉にさもにたり
三、やがて十字の旗を立て　天幕《テント》をさして荷《にな》いゆく
天幕に待つは日《ひ》の本《もと》の　仁と愛とに富む婦人
四、真白に細き手をのべて　流るる血しお洗い去り
まくや繃帯白妙《ほうたいしろたえ》の　衣の袖はあけにそみ
五、味方の兵の上のみか　言《こと》も通わぬあだ迄も
いとねんごろに看護する　心の色は赤十字
六、あないさましや文明の　母という名を負い持ちて
いとねんごろに看護する　心の色は赤十字

「従軍看護婦」にはこんなに尊い歌があるのに、「従軍」に「慰安婦」をつけるとは何事かと私は激しい怒りを覚えました。

また、朝日新聞は「第2次大戦の直前から『女子挺身隊』などの名で前線に動員され、慰安所で日本軍相手に売春させられた」（一九九一年十二月十日付）、「太平洋戦争に入ると、主として朝鮮人女性を挺身隊の名で強制連行した。その人数は8万とも20万ともいわれる」（一九九二年一月十一日付）などと報じました。これに対しても、私は即座に「女子挺身隊」に売春させるなどあり得ない、この記事は嘘だと指摘しました。

序章にふれましたが、私は中学三年のときに学徒勤労動員を経験しています。この「動員」という言葉は男子についてのみ使いました。女学校の生徒には「動員」という軍隊用語は使えないため、「挺身隊」という言葉を使ったのです。要は英語の「mobilization」を男子には「動員」、女子には「挺身隊」と使い分けたのです。この使い分けが当時の日本と朝鮮で違っていたということはありません。

したがって、学徒勤労動員や女子挺身隊を経験した私たちの世代は、「女子挺身隊」と「慰安婦」を同一視することはあり得ません。この経験から私は朝日新聞の記事が嘘だとすぐにわかりましたから、虚報であると批判したのです。

私のこうした批判に対して、朝日新聞は真摯に答えることをしてきませんでした。しかし、昨年、ついに朝日の報じた従軍慰安婦についての記事が誤報であることを認め、謝罪をしました。これは近年稀にみる明るい話題といっていいと思います。

朝日新聞というのは終戦直後の数か月はまともでしたが、その後は明らかに左傾化し、日本独立反対の論陣の中心にありました。一方的な偏見に虚偽まで交えて日本を貶めるような報道を続けてきました。その報道姿勢は、いったいどこの国の新聞かとあきれるほどでした。もちろん政府を批判するのはマスコミの責務ですが、それと国を辱めるというのは別次元の話です。朝日新聞は政府批判に名を借りて、常に国を辱めてきたのです。

今、日本の外交の難題となっているいわゆる従軍慰安婦問題も南京大虐殺問題も朝日新聞が捏造報道しなければ出なかった話です。それによって、世界中にありもしない話が広まり、あたかも真実であったかのように定着してきているのです。朝日新聞がなかったら、あの日本の憲政史上最悪といっていい民主党政権の誕生もあり得なかったはずです。

その朝日新聞がシッポを出したことは一つの希望です。虚偽の報道を隠し続けてきたツケは朝日新聞にとって大きなものとなるはずです。今後も朝日新聞の記事は世間の批判的な目にさらされ、厳しくチェックを受けることになるでしょう。今までのように、何を書いても朝日だから許されるというような特権的なあり方は消滅したといっていいでしょう。

これを他山の石として、他のマスメディアも謙虚にして偏りのない報道に努めてもらいたいものだと切に願います。

第七章

残された課題

渡部家の地下書庫で（2013 年、撮影：難波雄史）

◉恐れるべきは少子化ではなく「孫ゼロ化」

今後の日本が抱える最大の課題は少子高齢化をどうするかということでしょう。これについていえば、「少子化」というのは言葉が不十分であったと私は思っています。今から二十年ぐらい前に、ある財団の仕事でロンドンに行きました。私は当時六十代で、一緒に行った五人ほどの人たちも皆、六十歳以上でした。そのときに話をしてみると、孫がいたのは私一人で、他の人には誰も孫がいないというので驚きました。どうもこれから孫が生まれる可能性もないようでした。そのときに「少子化なんて甘い。ゼロ孫化だな」と思い、雑誌などにもそれを書きました。

少子化自体はそれほど恐れる必要はないのです。日露戦争のときでも、日本の人口は約四千万人でした。今はその三倍もいますから人口が少ないわけではありません。要するに、バランスよく減っていく分にはかまわないのです。むしろ、そのほうがいいかもしれません。ところが、ゼロ孫化になると減り方がアンバランスになります。たとえば将来、日本の人口が半分の六千万人になったとき、五千万人が老人で一千万人が若者という極端な状況さえも想像しなければならなくなります。この状況が問題なのです。このことを政府はもっと早くから警告すべきでした。

人口ほど統計によってわかりやすいものはないのです。統計を見れば、老人が増えて若者が減ることはずっと前からわかっていたはずです。それなのになぜ政府がいわなかったかといえば、その理由は明らかです。自分たちがつくった年金制度が崩壊する可能性を白日の下にさらすことになるからです。恐らく厚生省などが恐れたのでしょう。自らが批判されるのを恐れて、不利な情報を明らかにしなかったのではないかと想像します。

私が恐れているのはゼロ孫化であって、少子化ではありません。孫をつくろうとする家庭が増えれば、子供の数は急激に増えます。そうすると、最も尊重すべきは子供をつくる夫婦なのです。もちろん、例外的に独身の天才的な人が大発明することもあるでしょう。独身で出世する女性もいるでしょう。それは例外としてあってもいいでしょうし、邪魔をする必要は全くありません。だからといって、それを奨励する必要もないのです。

奨励すべきは結婚して子供をつくる国民の数を増やすことです。これは常識中の常識です。どんなに偉い独身の男女が増えようと、子供をつくらなければ日本人がいなくなってしまうのです。

◉未婚化の原因と解消の手立てを考える

これに関連していうならば、今は三十代、四十代の未婚率が三割に及んでいるそうです。なぜ結婚しないのか。これは戦後になって男女共学が進んだ弊害の一つではないかと思うのです。個人的な体験ですが、私が中学生の頃は、女学校の前を通るときに胸がときめいたものでした。あの頃は小学校三年生までは男女同じでしたが、四年生以降は別々のクラスになりました。そのせいで中学生ともなると異性を意識しすぎて、女性を見るのも女性に見られるのも嫌悪するような感じがありました。私には姉が二人いますから、女性に慣れていなかったわけではありませんが、姉妹は当然のことながら恋愛の対象とはなりません。異性を意識するというのとは別次元な存在であるわけです。

しかし、慣れというのは恐ろしいもので、男子ばかりの中にいると居心地がよくなって、むしろ高校あたりまでは原則として共学でないほうがよいのではないかと思うようになりました。すると逆に大学ぐらいになると異性を求める気持ちが非常に強くなって、付き合う中でお互いに結婚を意識するようになるのではないかと思うのです。

未婚化のもうひとつの理由として、結婚をすると収入が下がる恐れがあるという問題があります。今は大半の男女が給料をもらって働いています。結婚をし、あるいは子供ができると女性は一時的にせよ働けなくなります。また、フルタイムで働くことが難しくなるケースも増えてきます。そうなると世帯収入がガクッと下がることになります。その代わりにもっと大きな祝福があると考えられればいいのですが、それを考えないとすると、なかなか結婚に踏み切れないという一因にもなるでしょう。

この解消策として一番いいのは老人福祉を止めることです。今は老後の面倒を国が見るという制度になっているために、独身でもやっていけると考える人も少なくないと思います。しかし、老人福祉をやめてしまえば、子供をつくって自前で育てて老後を託すしかないのです。

今は、家庭をつくろうがつくるまいが落ち行く先は同じです。子供が親の面倒を見なくてもいいような制度になっています。すると、どうせ老人ホームに入るのならば、独身でお金を貯めていたほうがいい老人ホームに入れることになります。昔はそんな心配は必要ありませんでした。子供がいなければ養老院に行きましたが、常識として「それほど惨めなことはない」という感覚があったからです。親を養老院に入れる子供にも一種の軽蔑の目が向けられたものでした。しかし、今は老人ホームに入るのは珍しいことではありませんし、親をホームに入れる子供が非難されることもありません。だから非常に難しい問題になっています。

この問題を解決するには、子供をつくる、あるいは家庭を持つことの価値を高めていくしかありません。暴論といわれるかもしれませんが、男女の給料格差を昔のように大きくするという方法もあります。昔は男女の給料差別がかなり大きかったために、「それなら結婚しよう」という女性も多かったように思います。今は男女の雇用が機会均等になって格差がなくなってきているために、女性が結婚をしなくてもいいと考えるようになったという側面もあるように感じます。あるいは、結婚した女性の第一子が生まれたときから、末の子供が義務教育を終えるまでの期間を、年金給与の対象にするなどです。

あるいは、既婚者と独身者で税率を変える、子供のいる世帯といない世帯で税率を変えるなどの方法で、子供を育てるのが損にならないようなぐらいの税金の控除を行うというのも一案かもしれません。たとえば三十歳で既婚者の税率を独身男性の税率の半分にするとか、子供が生まれたら三分の一にするというように、どんどん税率を下げていって独身であることが不利になるような制度にすれば、おのずと既婚率は上がっていくと思います。

本来、結婚の問題にまで国が関与するべきではないとは思いますが、先の少子化・高齢化との問題とも関連して、なんらかの手を打つ必要が出てきているかもしれません。

◉あまりにも危険な移民政策

人口減少を補うために移民政策が取りざたされていますが、この選択は最も危険です。移民というのは、まず先住民がいるということが前提になります。

アメリカやカナダやオーストラリアのように移民で栄えた国もあります。しかし、「だから移民はいいじゃないか」と考えるのは早計です。これらの国の先住民はどうなったでしょうか。北アメリカのインディアン、南アメリカのインディオ、オーストラリアのアボリジニの現状はどうでしょうか。

我々は日本の先住民です。人口が減るからといって安易に移民を入れるとしたら、隣の国から億を数える人が押し寄せてくる可能性があります。そうすると、我々の子孫は日本先住民として隅に追いやられる恐れが多分に出てきます。

すでに先進国でもその兆候が表れています。今まで先進国は発展途上の土地に行って先住民を圧迫していました。しかし今、先進国が逆に移民を入れるような時代になりました。その結果、どうなっているのか。フランスもドイツもイギリスもスウェーデンも移民問題で頭を抱えています。解決のめどは立っていません。

イギリスの三人の少女がいわゆる「イスラム国（ＩＳ）」に行こうとしてトルコで拘束されたというニュースがありました。イギリスからは数百人の若者が「イスラム国」を目指して出国しているそうです。イギリスにはイスラム教徒のパキスタン人などが移民として入っています。その中には苦労してイギリス社会に溶け込んだ人もいますが、そういう移民の家庭から出てイギリスの教育を受けて弁護士になったような人が、反イギリス運動の中心になっているのです。彼らは「キリスト教は偽善である、イスラム教に変えるべきだ」といって移民の子供たちを説得しています。その子たちがテロを起こしているのです。

ドイツでもベルリンなどはトルコの首都アンカラを除いてトルコ人が一番多い街だといわれています。そういうところでは、ドイツ人としての教育がほとんどできないそうです。その世代が成長したらどういうことになるのでしょうか。

フランスも、この前のシャルリ・エブド襲撃事件は移民の子供たちの犯行です。フランスはイスラム教移民を受け入れてもそのうちにフランス化すると思い込んでいたようです。ところが実際は逆で、移民たちがフランスをイスラム化しようとしていることがわかってきました。これはイギリスでも同じです。

アメリカのように初めから先住民を潰すつもりで移民連合を組んでやってきた国でも、移民の子孫の時代になるとさまざまな問題が起きています。最初にアメリカを建国したのはワスプ（WASP／ホワイト・アングロ・サクソン・プロテスタント）でしたが、今は新しい移民が押しかけてきています。

一番大きいグループは、メキシコから来る人たちです。言葉も英語ではなくスペイン語です。サンフランシスコあたりで、店に「ここでは英語が喋《しゃべ》れます（ENGRISH IS SPOKEN HERE)」という看板がかかっているのを見て驚いたという人がいますが、あのあたりはスペイン語が主になっているのです。ワスプは現在のアメリカ連邦最高裁判所には一人も入っていません。アメリカを築いたワスプも新しい移民に取って代わられつつあるといっていいのかもしれません。

このように移民政策はきわめて危険です。とくに少子化の穴埋めに移民を促進しようとする考え方は最も危険です。慎重に慎重を重ねて、受け入れるにしてもごく少数にとどめておかなければなりません。

◉火力や原子力に代わる新エネルギーは簡単には生まれない

エネルギー政策もこれからの課題として挙げられますが、これについては先に述べたように今のところ火力か原発しか安定したエネルギー供給源がないという現実を踏まえてやっていくべきです。太陽光発電が脚光を浴びていますが、太陽光が日本のエネルギー源の主力になるまでにはどれだけの時間がかかるかわかりません。

こんな話があります。宮崎県にリニアモーターカーの実験鉄道路線がありました。この実験線は平成八（一九九六）年に走行実験を終了し、その後は長い線路だけが残りました。これを何かに使えないかと考えたとき、「太陽光発電がいい」とアイデアを出した人がいました。確かに線路に沿って反射板を並べられますから、太陽光発電所にするには都合がいいのです。ところが問題が生じました。火山灰です。阿蘇や霧島などの噴火によって火山灰が降ってきたときに洗い落とす予算がないのだそうです。

あるいは台風が直撃したらどうなるのか。また台風でなくても雨の日や夜には太陽光はないのです。蓄電機が発達すれば解決できる問題なのかもしれませんが、私は郷里の水力発電所で起きた騒ぎを忘れがたいのです。山間の集落を潰してつくった大きな発電所の発電量がたった七万キロなのです。同じようにしてつくった日本中の水力発電所の発電量を全部合わせても日本の発電電力量の電源別構成比に占める割合は一割に満たないという現実があるのです。太陽光発電にも同じことが起きるのではないかと危惧せざるを得ません。

ましてや、ろくに風が吹かない日本で風力発電は無理です。日本はオランダとは条件が違います。その他のバイオマスや地熱発電もどうなるかわかったものではありません。私は新しいエネルギーを否定するものではありません。何十年か先にできればいいと思っています。ただ、それができるまでの何十年間に毎日百億円の無駄遣いをするわけにはいかないのではないかということです。それを考えると、たとえ一〇〇％の安全性が保証されていないとしても、原発の再稼働をしなくてはならないのではないかと考えるのです。自然も一〇〇％安全ではないのです。去年も火山でたくさんの人が亡くなりました。原発で亡くなった人はまだいないことも考えるべきでしょう。

◉アメリカが日本を切り捨てる可能性も全くない話ではない

国際関係の究極が武力であるとすれば、今の日本が中国の無鉄砲な貿易増大に対応するためには、アメリカと武力的にしっかり手を握る必要があります。それは日本のみならず、アメリカの国益にも合致します。

オバマは軍事関係のことはあまりよくわかっていない印象を受けます。中近東やアジアがおかしくなっているのは、オバマの政策の誤りといっていいでしょう。しかし、アメリカの軍部は明確に中国を危険視しています。アメリカの軍人から見ても、今の中国の戦力増強は、負けるとは思わないまでも非常に危険な領域にまで入り込んでいるのです。地上戦になれば危ないという考えもあると思います。その部分で日本と手を組めば絶対に安心ですから、そこで日米の利益は軍事的に一致するわけです。

日米が軍事的に固く手を握っていれば、中国もロシアも簡単には動けません。歴史上、世界で機動部隊を持った国は二つしかありません。その二つの国が手を握ったらどこも簡単には手を出せません。だから日本はアメリカと軍事的に手を握るべきですし、それに相応しく武力を増加して中国の変化を待つべきです。

その待つべき変化とは中国の崩壊といいたいところですが、崩壊はしなくても中国が総選挙のできる国になればいいと思うのです。そうなれば無茶な戦争はしないはずです。中国に十三億の民がいるとすれば、今の体制で儲けている人は一億人ぐらいのものでしょう。その特権階級を除いた十二億人は「軍事費よりも自分たちに金を回してくれ」と必ずいいます。

だから中国に総選挙が行われる時期が来るまで、日本はアメリカと武力でがっちり手を握っておくべきなのです。

安全保障については、今のところアメリカと手を組んでいくより仕方ないというのはわかりきった話です。ただし、アメリカを全面的に信用していいのかとなると、話は別です。アメリカはいつ日本と手を切るかわからないということを頭に入れて、手を握らなくてはいけません。

アメリカはいざというときに味方を切り捨てたことのある国です。先の大戦では蔣介石が切り捨てられました。すぐに終わるはずだった支那事変が泥沼化したのは、先にも述べたようにアメリカとイギリスが裏で蔣介石を助けていたからです。しかし日本との戦いが終わると、アメリカはあっさり蔣介石を捨てました。蔣介石の政府は「汚職が激しい」という口実をつけたのです。実際、汚職はあったと思いますが、切り捨てるにしては小さすぎる理由です。それから、ベトナム戦争のときも南ベトナム政府を助けるといっておきながら、最後には見捨てました。

それと同じことが日本にも起こらないとは限りません。日本は今、中国の脅威にさらされています。ロシアもなお脅威になり得ます。今のところアメリカとの軍事協定は極めて重要であり、これがなければ中国ともロシアとも北朝鮮とも対立できません。

こういう状況下で我々がやるべきことは明らかです。ひとつはアメリカとの核兵器のシェアリングです。NATO諸国がやっているように、核兵器のボタンに手を掛ける権利をアメリカと共有することです。もうひとつは核兵器あるいは核兵器に相当するものを所有するということです。これは将来的にアメリカに捨てられる可能性を考慮したときの方策です。そのときになってから考えるのでは遅すぎるのです。

◉中国の標的は日本であると考えないわけにはいかない

世界の情勢が大いに変化して、中国の共産党が倒れて民主的な政権ができれば日本にとっては最もいいのですが、今のところ中国は猛烈な勢いで軍事予算を伸ばしています。現在、中国を攻撃しようという国はありません。それにもかかわらずあれだけ軍備を伸ばすのはなぜかと考えると、はっきりいって、その標的は日本であると考えざるを得ません。

日本が南京を占領していた頃の普通のシナ人は、誰が支配者でもいいと思っていたのです。税金を取りすぎず、虐げられることがなければ誰でもよかった。日本は礼儀正しく、税金もそれほど取らず、現地民と融和して統治をしていましたから、比較的歓迎されていました。

シナには昔からいろいろな民族が入ってきています。日清戦争のときの清は満洲族です。しかし、支配民族は上のほうに少しいるだけですから、圧倒的に数の多い民衆にとっては、誰が来ても税金が安くて、まあまあ穏便にやってもらえればよかったのです。シナ人は政府を信用していないという話をしましたが、彼らにとって身内が安全に暮らせればそれが一番なのです。誰が支配をしてもいいけれど、その邪魔をしてもらいたくないと考えているのです。

ところが、蔣介石の軍隊は略奪を働きました。税金も取りすぎました。毛沢東の軍隊になると略奪だけでなく洗脳までやりました。共産主義になってシナ人は変わってしまいました。毛沢東が何百万という地主を殺したことによって伝統的な生き方をする中核になる階級がいなくなりました。その後、大躍進政策の失敗や文化大革命なども合わせると、毛沢東は数千万人の自国民を殺したのです。

今まで、シナの歴史では何度か虐殺事件がありました。けれど、たいていは万単位だと思われます。しかし、毛沢東は千万単位で殺しましたからシナ人が変わってしまったのです。シナ人は戦争が終わった当初、それほど反日感情を持っていませんでした。ところが、江沢民が国家主席になったあたりから反日教育が実を結ぶようになって、シナ人の日本に対する見方が変わってきました。今はそれがエスカレートしている状態です。これは非常に警戒を要することです。教育によって人間は変わるのです。

習近平が学生の頃、シナの歴史の教科書には南京大虐殺は載っていませんでした。ところが今は載っています。嘘を教えても構わないという国ですから、今後内容がどんどん過激化する可能性があります。多くの識者が指摘するように危険度が増しています。

シナ人の富裕層は国外に逃げ始めています。支配階級にある人たちが逃げるというのは珍しいことです。最近、シナで話題になっているのは、妊娠したらアメリカ本土でもハワイでもいいから、そこの病院で赤ん坊を産もうということです。すると赤ん坊はアメリカ国籍になりますから、自分たちもアメリカに逃げられるというわけです。

そんな国があるでしょうか。大国を装っていますが、妙にもろいところがあります。そのもろさを隠し、政権への求心力を高めるために反日を使っているのです。かつては反日を煽ったところでせいぜい学生が動かされるだけで、ほとんどの民衆は関係がなかったのです。ところが最近は、民衆も煽られるようになっています。これに我々は注目すべきです。

先に述べたように、今の中国を征服しようという国は世界のどこにもありません。それなのになぜ毎年二割以上も軍事費を増大し続けているのでしょうか。この事実を冷静に考えれば、その的は日本しか考えられません。

中国は今、しきりに南シナ海に出て、真珠の首飾りのように点々と基地をつくっています。周辺国の非難もどこ吹く風です。これはなんのためなのでしょうか。善意に解釈すれば、中国は非常に天然資源が少ないので中近東の石油を運ぶためと解釈してもいいのですが、それならば別に真珠の首飾りは必要ないはずです。その真意は、いざとなったときに日本のエネルギー源を遮断することにあるのではないかと私は推測しています。

中国がそこまで軍事増強して、ひょっとしたら日本に戦争を仕掛けてくるのではないかという裏には、日清戦争で負けたという意識を払拭してシナ人の自尊心を取り戻したいという意識があるのかもしれません。昔のシナなら戦争に負けたところで復讐などは考えませんでした。そういう気持ちが民衆から湧き上がってこなかったからです。でも、今は湧き上がりうるように、教育によって国民をつくり変えたのです。

現在の中国を考えるとき、シナ人が昔のシナ人ではなくなったという見方は絶対に必要です。伝統的なシナ人は自分の生活に大きな不利益が及ばなければ支配者は誰だって構わなかったのですが、今は支配者と一体になっています。そこが非常に危険なのです。

そういう危機感が日本人には不足しています。日本には今も日本独立回復反対の遺伝子を受け継いでいる人たちがたくさんいます。また軍事的な義務がありませんから非常に呑気《のんき》です。私たちが子供の頃は、兵隊にならなければならないという思いが常にありました。それは大変な緊張感でした。学校に行くときも中学生は軍隊を真似してゲートルを巻いていました。敗戦のあと、ゲートルを巻かずに普通のズボンで学校に通えるようになったとき、ほっとしたのを覚えています。

今の日本人の呑気さは奴隷の安心感と似ています。よい使用人についた奴隷ほど呑気なものはありません。それは子供も同じです。親が自分を養ってくれるという安心感のある子供は呑気なものです。我々がピリピリ緊張し始めるのは、自分が家庭を持って、自分が稼がなければどうにもならないとなったときです。最近の話題でいえば、引きこもりになったり親を殺したりする人の多くは、自分で働かなくていい人たちでしょう。本当の責任感というのは重いものです。そこに独立しているという誇りがなければならないのです。

◉快適便利な生活を長く続けるための三条件——軍事・エネルギー・食糧

昔に比べて今は自由な時間がべらぼうに長くなった時代です。先にも触れましたが、家事に縛られる時間が非常に少なくなり、生活は快適になりました。この快適さが長く続くことを私は望みます。単に快適なだけだと人は堕落しますが、快適な生活をしながらスポーツをして体を鍛えたり、趣味に打ち込んだりするのは素晴らしいことだと思います。

こういう快適な生活を長く続けるための条件は何かといえば、やはり国際的に戦争がないということでしょう。少なくとも戦争を仕掛けられない国であることです。

日本の場合、自ら戦争を仕掛けることはありませんが、周囲に戦争を仕掛けたそうな国があることが心配です。戦争を仕掛けられずに快適な生活を送るためには、備えが必要です。いざという場合を考えて、危機感を持って準備をしておく必要があります。これは戦争をする準備ではありません。戦争を仕掛けられないようにする準備です。そのために世界中の国々がいろいろな工夫と苦労をしています。それに比べれば日本はあまりにも無防備で、工夫や苦労の仕方が甘いのではないかと思うことが多々あります。「備えあれば憂《うれ》いなし」といいますが、今の日本では「憂いないので備えなし」になっているという指摘もあります。

では、どういう備えが必要でしょうか。それには三つあります。

一つには軍事的に侵されないように、それに対抗できるだけの準備が必要です。これには先に述べた通り、アメリカとの軍事連携を緊密にしていくことです。

二つめは、どこから意地悪をされても揺らがないエネルギーの手当てが必要です。これについては、原発を再稼働しながら並行して新エネルギーの研究を進めていけばいいでしょう。

三つめはエネルギー問題とも関連しますが、危急の事態になったときに持ちこたえられるように食糧の安定供給への道を開くべきです。日本の食料自給率は現在、非常に低くなっています（カロリーベースで三九％／平成二十五年度：農水省）が、これは克服できると思います。魚も養殖技術が発達していますし、農業も水耕栽培が普及してきています。日本の得意とする技術分野のイノベーションで食糧生産を高める工夫をしていきたいものです。

これらの基本的な備えが十全であれば、他国と交渉するときも卑屈にならずに堂々とできるのです。軍事、エネルギー、食糧の三つを万全にしておくことが、日本の安全を守る一番の基本になるのです。こうした意識を政府も国民も強く持つべきでしょう。その意識を忘れてしまうと大変なことになりかねません。軍事、エネルギー、食糧の三本柱は日本人が今後も日本という国で生きていくために最も重要なテーマなのです。

◉これから反グローバリズムの潮流が必ず生まれてくる

世界はグローバル化に向けて一直線に突き進んでいるように見えます。しかし、このグローバル化の動きには絶えず注意をしなければなりません。私の予感としては、今後、グローバル化に反対する大きな勢力が起こってくるような気がしています。

世界で最もグローバル化が進んだのはＥＵ（欧州連合）です。通貨まで統一しました。しかし近年、ＥＵから離れようという意見がかなり強く出てきています。最近もアイスランドはＥＵに入ろうとしていましたが、今のＥＵを見て加盟をしないという選択をしました。ドイツなどでも離脱しろという意見があります。

これからはむしろ、小さなアイデンティティーを重んずる方向に行くかもしれません。戦前のようにナショナリズムで対立するということではなく、気心の知れた人間たちと心休まる生活がしたいということです。そのためには、あまり変わった人間とは一緒に住みたくないということではないかと思います。

これは下手をすると曽野綾子さんが誤解によるバッシングを受けたアパルトヘイトを進めるのかというような話になりますが、そうでなくて、日本人であれば日本人の生活を違和感のない隣人と一緒にしていきたいということなのだと思います。これはどこの国でもそういう傾向が出てくる可能性が高いと私は推測しています。

フランス人でも、本音のところではイスラムと共存しながら生きたいとは思っていないのではないでしょうか。ドイツ人だって、こんなにトルコ人を入れるのではなかったと悔やんでいます。そういう現状を見れば、悪質ではないナショナリズムの方向に進んでいくような傾向が生ずる可能性は高いと思います。

グローバル化の本質がわかれば、「グローバル化はしないほうがいいんじゃないか」という声が上がるかもしれません。そういう声が高まれば、潮目が変わって一気にその方向に進む可能性もあります。そうしたときに、日本として軍事・エネルギー・食糧は自前でなんとかできるようにしておく必要があるのです。いつグローバル化が逆回転し始めるかわからないのです。

まだしばらくはグローバル化が進むかもしれません。しかし、どうもグローバル化自体は一般国民を幸せにするほうには向かないようです。大企業や大銀行の経営者を喜ばすほうには動くかもしれませんが、そこで働く九九％の人たちを幸せにする方向には必ずしも向かないと思います。

たとえばユニクロがものすごく儲けたとしても、その収入は日本に入るわけではなくて、現地生産法人に入るわけです。すると、経営者と株主は儲けるかもしれませんが、日本が儲かるわけではありませんから、ユニクロの株を持っていないほとんどの日本人には何も関係ないわけです。

これからグローバル化は必ずしも一般国民を幸せにしないということが、だんだんわかってくるような気がします。だから、今、称えられている方向と逆のことが起こるかもしれないということは常に考えておく必要があります。

平和がいいことはわかり切っていますが、平和を望まない勢力もあるということも頭に入れておかなければなりません。日本人同士はだいたい性善説で生きられますが、外の国に対しては性悪説で見ることも時には必要です。とくに、そういう目で見なければならないような国が日本の周辺にあるということを我々は忘れてはいけません。

願わくは、今の平和で快適な生活がいつまでも続いてほしいと思いますが、それを守ることには非常な努力と懸命さが必要です。「備えあれば憂いなし」というのは、単なる諺ではありません。今こそそれを実践すべきときが来ていると思うのです。

あとがき——戦後七十年、歴史の振り子は今どこにあるのか

戦後の憲法は第五次の国体の変化であるという話をしました。その認識の延長として考えると、今論議されている憲法改正は第六次の国体の変化としてとらえることができるでしょう。ただし、この第六次の国体の変化を実現するには、本文中で述べたように、一度明治憲法に戻る必要があります。

新しい憲法の内容は第五次のときとさほど変わらなくていいと思うのです。抜本的に変える必要のあるのは九条ぐらいで他は同じでもいいのです。だからといって、現行憲法の九条だけを変えるというのではダメなのです。それをしてしまうと、日本に主権のない時代に占領軍がつくった憲法、正確には占領政策基本法を認めてしまうことになるからです。

占領軍としては統治のための個々の法律のもとになるものが必要だというので、簡単な法律を一週間ぐらいで素人につくらせたのです。それに憲法という名をつけただけで、その実態は占領政策基本法なのです。

本来、日本はこの占領政策基本法をサンフランシスコ講和条約が成立したときに廃止すべき

でした。しかし、あのときは左翼が強すぎて、野党第一党の社会党まで独立回復に反対していましたから、とても廃止できるような環境ではありませんでした。首相の吉田茂にはそれだけの力、あるいはガッツがなかったのでしょう。

この「憲法」を改正しなければならないと本気で意思表明したのは岸信介《のぶすけ》です。自民党の党是として自主憲法の制定を掲げたのも岸さんです。その意味で、私は岸さんこそが自民党の本流だと考えています。六〇年安保闘争の大掛かりなデモや、岸さん自身がテロリストに刺されて退陣を余儀なくされたために憲法改正は遠のいてしまいましたが、もしも岸内閣が続いていれば、岸さんは必ず憲法に手を付けたはずです。

岸さんが退陣したあとの池田勇人《はやと》内閣は、岸さんが定めた改正安保の枠組みの中で経済成長を遂げました。池田さんは大平正芳さんたちと宏池会という派閥を旗揚げして自らを保守本流と称しましたが、国の根幹にかかわる難題を避けて経済政策に重きを置いた宏池会が保守本流を名乗るというのには違和感があります。

一方、岸さんの志を継いだ佐藤栄作総理大臣は沖縄返還という難しい問題を解決しました。むしろこちらこそが保守本流にふさわしいと私は思うのです。

ところが、一九九一年十二月にソ連が解体すると、共産主義への危機感が薄れてきたためか、自民党は内向きの勢力争いに終始するようになりました。その結果、自民党から離党した人たちが次々に新党を立ち上げました。岸さんの志はどこかへ行ってしまい、政治家たちが政権争いという名の利権争いに走るようになりました。そのため、政権を奪取するために便利な人を担ぐという風潮になってしまったのです。

そのようにして担がれた人に細川護熙《もりひろ》氏がいます。細川さんは平成四（一九九二）年に日本新党を結成し、代表に就任しました。その後、非自民・非共産という枠組みで八党派による連立政権をつくり総理大臣となりました。細川さんは私の大学の後輩ですから心から応援したいと思いましたが、応援しがたいところがありました。彼は日本の首相として最初に日本の戦争責任を認めたのです。

この細川内閣は、細川さん自身の政治献金問題によって僅か八か月ほどで崩壊します。彼のつくった日本新党も一年余りで看板を下ろすことになりました。しかし、自民党からも離脱者が続出して小政党を結成し、多数派形成を目指した党派の離合集散が繰り返されるようになりました。

自民党も再び政権に戻るために、あろうことか社会党と連立を組みました（平成六年）。そのときに担いだのが、社会党党首の村山富市です。当時の社会党は、日本独立反対のＤＮＡを色濃く残していました。冷静に考えればわかり切ったことなのですが、政権に就いた社会党は早速、議会の正式な承認を受けることなく村山談話を出して中国や韓国に謝罪をしました。その内容を見て、自民党の中には「自分の知らないうちに」と憤った議員がたくさんいました。しかし、出してしまったら後の祭りで、村山談話は中国・韓国に大いに利用されるところとなり今日に至りました。

その後、自民党は政権の座にとどまるものの短命政権が続き、力を失っていきます。そして、ついに平成二十一（二〇〇九）年には民主党が政権を取るという悪夢のような出来事が起こりました。しかし、民主党に政権を担当するだけの力量がないことはすぐに明らかになりました。党内の意見の不一致も白日の下にさらされ、国民の支持を失い、三年余りで下野することになりました。

その後、岸信介の孫である安倍晋三さんの二度目の登壇によって、ようやく保守本流が政権の表舞台に出てきたというのが私の認識です。

マスコミの安倍さんへのバッシングは第一次安倍内閣のときからひどいものでした。それは、戦後の日本を貶めた敗戦利得者たちが自分たちの立場を失うことを恐れたからです。敗戦利得者の一番の基盤は、「戦前の日本は悪かった」「戦前の日本をひっくり返そうとした自分たちは正しかった」というところにありますから、安倍さんのような保守本流が出てくると困るわけです。

安倍さんは第一次内閣のときに「戦後レジームからの脱却」というスローガンを掲げて次々

に重要な改革を成し遂げました。防衛庁を防衛省に格上げしたのもそうです。これは歴代内閣がやりたくてもやれなかったことです。世界の常識から見て、防衛担当の責任者が閣議に出られないというのはあり得ません。ところが、防衛庁長官は閣議に出席できなかったのです。防衛庁を防衛省に格上げして防衛大臣となったことで、このおかしな事態はようやくなくなりました。

それから教育基本法を改正して歴史教育を中心に教育をまともな形に戻そうとしました。集団的自衛権の改正も試み始めました。第一次安倍内閣はわずか一年ぐらいの期間にすぎませんでしたが、その間にも次から次へ改革案を打ち出していきました。

しかし、志半ばで安倍さんは病気のために退陣せざるを得なくなります。これで安倍さんは終わりかと思われましたが、奇跡的に第二次安倍内閣が誕生しました。いわゆる保守といわれる人たちがこぞって支持をして安倍さんを自民党総裁に押し上げ、その勢いで総選挙に大勝して、二度目の首相になったわけです。戦後、一度辞めた首相が再登板したのは吉田茂以来のことです。

ところが、第二次安倍内閣になると、安倍さんは「戦後レジームからの脱却」という言葉を口にしなくなりました。これについて安倍さんを支持した人の中には失望を表明する人がたくさんいます。

私の推測ですが、安倍さんは病気になって野に下っている間にいろいろ反省をして「戦後レジームと簡単にいってしまうとアメリカが反発するな」ということに気づかれたのではないかと思うのです。第一次安倍内閣のとき、安倍さんから直接聞いたことがあるのですが、私が「日本とアメリカの関係は、アメリカが日本を捨てるということもありうるのではないですか」と聞くと、安倍さんは、「それが心配なのです」と答えたのです。それ以来、私は安倍さんを本当に信用しているのです。

だから安倍さんが韓国や中国の言い分に対して明確に日本の国益を主張しないでのらりくらりしているように見えるのは、戦後の枠組みを否定してアメリカを刺激し、衝突することを避けるという思惑があるように思うのです。とくに今、日本は中国と非常に厳しい対立関係にありますから、アメリカが面白く思わないことをするのはよくない、少し主張を押さえたほうが安全だと感じているのだと思います。

惜しくも昨年亡くなられた岡崎久彦さんが生きていたら、安倍さんは岡崎さんをずっと外交ブレーンにしていただろうと思います。というのは、岡崎さんの考え方が安倍さんに非常に強く出ていると思うからです。それは、集団的自衛権の行使に熱心であるところからもうかがえます。岡崎さんの歴史観の根底は、「国際関係は究極において武力である」ということでした。国際関係には経済関係、友好関係といろいろありますが、究極のところは武力があるかないか、脅しが効くか効かないかだというのです。

安倍さんは頭のいい人ですから、この岡崎さんの言葉の意図するところをよく考えたことでしょう。その結果、今、中国の武力に日本は対抗できないので、アメリカと協力するよりしかたがない、そのためにはアメリカの気に障るようなことはやらないでおこうという判断をされているのだと思います。

とにかく今は武力的にアメリカと一緒にならなければやっていけない。この基本認識は間違っていません。この点から見ると、安倍さんのただ今の言動はすべて理解できるような気がします。ようやく日本の中心に返り咲いた保守本流の政権を簡単に見捨てるようなことがあってはならないのではないでしょうか。

年		渡部昇一　略年譜	世界と日本のおもな出来事
1930	昭和5	10月15日　山形県鶴岡市に生まれる	1月　ロンドン海軍軍縮会議開催
1931	昭和6		9月　満洲事変勃発
1932	昭和7		3月　満洲国建国 5月　五・一五事件発生
1933	昭和8		3月　日本が国際連盟脱退 12月　皇太子明仁殿下（今上天皇）誕生
1935	昭和10		2月　天皇機関説問題
1936	昭和11		2月　二・二六事件発生 11月　日独防共協定成立
1937	昭和12	鶴岡市立朝陽第一小学校入学	7月　盧溝橋事件発生、日中戦争勃発 12月　南京陥落
1938	昭和13		4月　国家総動員法公布
1939	昭和14		5月　ノモンハン事件発生
1940	昭和15		9月　北部仏印進駐 日独伊三国同盟成立 10月　大政翼賛会結成

1941	昭和16		4月　日ソ中立条約調印 12月　真珠湾攻撃、大東亜戦争開戦
1942	昭和17		6月　ミッドウェー海戦 8月　ガダルカナルの戦い（～43年2月）
1943	昭和18	鶴岡中学校（旧制）入学	6月　学徒勤労動員の決定 11月　大東亜会議の開催
1944	昭和19		7月　サイパン島失陥 東條英機内閣総辞職
1945	昭和20		8月　広島・長崎の原爆投下　日本の降伏 12月　神道指令
1946	昭和21		1月　新日本建設に関する詔書（天皇の人間宣言） 11月　日本国憲法公布
1947	昭和22		3月　教育基本法公布 4月　六三制新学制（小学・中学）発足 5月　日本国憲法施行
1948	昭和23	学制改革により山形県立鶴岡第一高等学校三年に編入	4月　新制高等学校発足 11月　極東国際軍事裁判所判決
1949	昭和24	上智大学文学部英文学科入学	10月　中華人民共和国成立
1950	昭和25		6月　朝鮮戦争勃発 8月　警察予備隊発足

1951	昭和26		4月 マッカーサー解任 9月 サンフランシスコ講和条約・日米安保条約調印
1952	昭和27		4月 サンフランシスコ講和条約発効・主権回復
1953	昭和28	上智大学卒業 上智大学大学院西洋文化研究科英米文学専攻修士課程入学	7月 朝鮮戦争休戦成立 12月 奄美群島返還
1954	昭和29		6月 教育二法公布 7月 防衛庁設置・自衛隊発足
1955	昭和30	上智大学大学院修士課程修了 同大学大学院英文学専攻科助手 ドイツ・ミュンスター大学留学	4月 第一回アジア・アフリカ会議（バンドン会議） 11月 自由民主党結成
1956	昭和31		10月 日ソ共同宣言 12月 国際連合に加盟
1958	昭和33	ミュンスター大学よりDr. Phil（哲学[文学]博士号）授与 イギリス・オックスフォード大学ジーザス・カレッジ寄託研究生	12月 東京タワー完工
1960	昭和35	上智大学文学部英文学科講師 妻・迪子と結婚	1月 日米相互協力および安全保障条約（新安保条約）調印
1964	昭和39	上智大学文学部英文学科助教授	10月 東海道新幹線開業 東京オリンピック開催

1965	昭和40	『英文法史』（研究社）刊	6月　日韓基本条約調印
1968	昭和43	フルブライト・ヘイズ法によるVAPP教授として米国4州の六大学で講義（～70年）	6月　小笠原諸島返還
1970	昭和45		3月　日本万国博覧会開幕 11月　三島事件
1971	昭和46	上智大学文学部英文学科教授	6月　沖縄返還協定調印
1972	昭和47		5月　沖縄返還 9月　日中共同声明（日中国交正常化）
1974	昭和49	日本英文学会理事・評議員（～91年）	3月　小野田寛郎陸軍少尉フィリピンルバング島より帰還
1975	昭和50	『英語学史』（大修館書店）刊	11月　第一回先進国首脳会議開催（フランス）
1976	昭和51	『腐敗の時代』によって第24回日本エッセイストクラブ賞受賞 『知的生活の方法』（講談社）刊	7月　ロッキード事件で田中角栄前首相逮捕
1977	昭和52		9月　日本赤軍によるダッカ日航機ハイジャック事件
1978	昭和53		8月　日中平和友好条約 10月　いわゆる「A級戦犯」の靖国神社合祀
1982	昭和57		6月　教科書誤報事件（検定で「侵略」を「進出」に書き直させたとされた）

1983	昭和58	上智大学文学部英文学科長・同大学院文学研究科英米文学専攻主任(〜87年)	9月　大韓航空機撃墜事件
1985	昭和60	第一回正論大賞受賞	3月　国際科学技術博覧会(つくば'85開催)
1989	昭和64 平成元		1月　昭和天皇崩御、今上天皇践祚
1990	平成2	『イギリス国学史』(研究社)刊	11月　即位の礼・大嘗祭
1991	平成3		1月　湾岸戦争勃発
1992	平成4	イギリス国学協会会長	1月　朝日新聞による慰安婦「強制連行」プロパガンダ 9月　国連の要請による自衛隊のカンボジア派遣
1993	平成5		8月　河野談話
1994	平成6	ドイツ・ミュンスター大学よりDr. Phil. h.c.(名誉哲学[文学]博士号)授与	6月　長野県松本サリン事件
1995	平成7	上智大学文学部英文学科特遇教授	1月　阪神淡路大震災 3月　地下鉄サリン事件 8月　村山談話
1996	平成8		4月　中学歴史教科書の全てに「従軍慰安婦」が掲載
1997	平成9		5月　神戸連続児童殺傷事件
1999	平成11	上智大学文学部英文学科特別契約教授 日本ビブリオフィル協会初代会長	5月　日米防衛協力の指針(ガイドライン)関連法成立 8月　国旗国歌法成立

2001	平成13	上智大学名誉教授	12月 海上保安庁巡視船、北朝鮮工作船と交戦
2002	平成14		9月 日朝首脳会談（平壌） 10月 北朝鮮による拉致被害者5人が帰国
2004	平成16		12月 イラク復興支援のため、自衛隊派遣開始
2006	平成18	新ライブラリー完成	8月 小泉首相が終戦記念日に靖国神社参拝 12月 教育基本法改正
2007	平成19		1月 防衛庁、防衛省に昇格
2009	平成21		9月 民主党内閣（鳩山由紀夫首相）成立
2010	平成22	『知的余生の方法』（新潮社）／『渡部昇一「日本の歴史」全八巻』（ワック）刊 金婚式	9月 尖閣諸島中国漁船衝突事件
2011	平成23	『決定版・日本史』（育鵬社）刊	3月 東日本大震災、福島原発事故
2012	平成24		9月 尖閣諸島を国有化、中国で大規模な反日デモ
2013	平成25		10月 伊勢神宮で第62回式年遷宮 12月 安倍首相、国家安全保障会議を設置
2014	平成26		1月 学習指導要領改訂 8月 朝日新聞、吉田清治に関する過去の記事を取り消し
2015	平成27	瑞宝中綬章を受章	

【著者略歴】
渡部昇一(わたなべ・しょういち)
昭和5(1930)年山形県生まれ。上智大学大学院修士課程修了。ドイツ・ミュンスター大学、イギリス・オックスフォード大学留学。Dr.phil.(1958)、Dr.phil.h.c.(1994)。上智大学教授を経て、上智大学名誉教授。専門の英語学のみならず幅広い評論活動を展開する。昭和51年第24回エッセイストクラブ賞受賞。昭和60年第1回正論大賞受賞。英語学・言語学に関する専門書のほかに『知的生活の方法』(講談社現代新書)、『古事記と日本人』『日本史から見た日本人(古代編・中世編・昭和編)』(以上、祥伝社)、『渡部昇一「日本の歴史」(全8巻)』(ワック)、『知的余生の方法』(新潮新書)、『決定版・日本史』『歴史通は人間通』『名著で読む世界史』『名著で読む日本史』(以上、育鵬社)などがある。

戦後七十年の真実

2015年8月10日　初版第1刷発行

著　者　渡部昇一
発行者　久保田榮一
発　行　株式会社　育鵬社
〒105-0023　東京都港区芝浦1-1-1　浜松町ビルディング
電話03-6368-8899(編集) http://www.ikuhosha.co.jp/
株式会社　扶桑社
〒105-8070　東京都港区芝浦1-1-1　浜松町ビルディング
電話03-6368-8858(販売)　電話03-6368-8859(読者係)
発　売　株式会社　扶桑社
〒105-8070　東京都港区芝浦1-1-1　浜松町ビルディング
(電話番号は同上)
印刷・製本　サンケイ総合印刷株式会社

ISBN 978-4-594-07307-7
JASRAC 出1508434-501

本書のご感想を育鵬社宛てにお手紙、Eメールでお寄せください。
Eメールアドレス　info@ikuhosha.co.jp